発達障害の
ある子の

本人理解にもとづく
コミュニケーションと
かかわり方

スピード違反だね

イライラ

相談・支援の
キホン52

阿佐野智昭 著

中央法規

はじめに

　2005（平成17）年に発達障害者支援法が施行されてから15年が過ぎ、発達障害という言葉はテレビや新聞などのメディアを含め、様々なところで目や耳にするようになりました。2012（平成24）年に文部科学省が実施した調査によれば、通常の学級に在籍するいわゆる発達障害が疑われる子どもは6.5％程度いるとされており、40人のクラスであれば、2〜3人の子どもは発達障害である可能性があるということになります。

　そのひとりの子どもにかかわる支援者は、学校内だけでも複数の先生方がいて、放課後には学童クラブの先生方もいて、校外も含めれば何倍か何十倍の数になることもあるかと思います。

　本書は、保育所や幼稚園、小中学校の通常の学級や特別支援学級、通級指導教室の先生方、各種の相談機関や福祉サービス事業所の担当者など、発達障害のある子どもや大人の方の相談や支援に携わる多くの方々にとって、少しでもお役に立てるように川崎市の発達障害者支援センターでのかかわりの経験をまとめたものです。それらは、ご本人やご家族に教えていただいたこともありますし、先輩方や支援者仲間から教わったことなど貴重なものばかりです。

　基本的には支援者向けのものではありますが、「支援者はこのようなことを考えているのかな」ということでは、ご本人やご家族にも参考になることがあるかもしれません。発達障害のある方にかかわる多くの方々にとって、何かのヒントになれば幸いです。

2020年7月

　　　　　　　　　　　　　　　　　　　　　　阿佐野智昭

目次

第2章 相談・支援における本人理解のキホン

第3章　本人への支援やかかわりのキホン

▶ コミュニケーションをとるとき

第4章　家族支援、関係機関との連携のキホン

第 **1** 章

発達障害のある人を
支援するにあたって

1 | 主人公は本人と家族。「支援臭」を出さない

　この本で書くことは、相談者や支援者仲間や先輩方とお話をしたり、教わったものばかりですが、これは私の大先輩たちから教えていただいたことです。

　いつものように大先輩たちが、ただ雑談をしているかのように超ハイレベルなケースカンファレンスを開催していました。すると「あそこの○○さんていう支援者はヤマッケが出ちゃうんだよねー」という話が出てきました。私が知っている「山っ気」という言葉とは少しニュアンスが違うように思ったので「そのヤマッケって何ですか？」と尋ねました。すると、そのヤマッケというのは、どうやら「支援者が、自分の支援力をある程度過信して、自己の支援に酔った状態で支援をしている時に、全身の毛穴から漏れ出てしまう、言ってみれば**支援臭**」とも呼べるものだということがわかりました。

　卓越した精神科医たちが、統合失調症の患者たちを目の前にした時に、いわゆる「プレコックス感（注）」というものを感じて、診断や治療に役立てるといいますが、私がそのヤマッケという言葉というか概念を聞いた時に、プレコックス感を初めて知った時と同じような衝撃を受けました。やはり、そのような目に見えない、深い部分まで感じ取ることができないと、とても熟練の領域には達することができないと思わされました。

　当時の自分は、大先輩に囲まれて、まだ慣れない相談の仕事をしていましたので、自分が支援者として「できるな」などと考えることはあり得ませんでした。日々の相談について、毎日のように頭を悩ませ

ながら支援をしている状態でしたので、自分には全く関係のない話だと聞いていました。同時に、絶対にそうはなりたくないとも思いました。

　様々な領域で困っている人たちをサポートしている支援者は、「自分が、少しでも困っている人たちの役に立てたら……」という、すごく純粋な気持ちから、支援者としてスタートしたのだと思います。支援の経験を重ねれば、当然に支援スキルは少しずつ上がっていき、うまく支援することができたという体験も増えていくことでしょう。それを支援者自身の力が大きかったかのように勘違いをして、目の前のサポートが必要な人たちを自身のいくつかの支援パターンに当てはめ、彼らを置いてきぼりにして支援を進めることは絶対にしてはいけないことです。支援するということは相当に難しいことであり、もし支援がうまく進んだとしたならば、支援を受ける人自身の成長する力や回復する力によるところが大きいのだと思います。その成長や回復を支えるために、その人の健やかな側面に注目し、言わば「支援臭のしない支援」をすることが、支援を受ける人にとって最も楽であり、空気のように受け入れやすいサポートになるのだと思います。

　✒あくまで主人公は本人や家族であって、決して支援者ではありません。支援者は、彼らのよりよい今と将来に向けての作戦会議を一緒にさせてもらうくらいの心持ちでいるのがよいのではないかと思います。

　　（注）オランダの精神科医リュムケが使った言葉で、統合失調症の患者と対面した時に感じる独特の感情や違和感のことを指す。熟練した精神科医には感じることができるとされ、その感じを診断の助けとすることもある。

2 「トップ選手のコーチ」の気持ちで

　最近では、スポーツの世界をはじめとした多くの業界でコーチといわれる人々の活躍を目にするようになってきました。その中でも、それぞれの競技の「トップ選手のコーチ」という仕事は、発達障害のある人々を支援する上で参考になる部分が多いのではないかと思います。

　一口にトップ選手のコーチといっても、いろんなタイプがあると思います。この頃では、その競技の経験がほとんどない、もしくは全くない人が全然違う分野からやってきて、すばらしく有能なコーチになることがあったりします。ただ多くの場合は、かつてその競技においてトップレベルで活躍をしていて、その競技にまつわる豊かな経験を買われ、トップ選手をより高いところに導くことを求められてコーチに就任した人が多いのではないでしょうか。しかし、以前は非常に高い競技能力を持っていたトップ選手のコーチ達も、現在では自分がコーチをしている現役の選手よりも走る能力であったり、投げる能力であったり様々な競技に関する実力は、ほとんどの場合は劣っているのではないでしょうか。

　それでもコーチとして、これまで培ってきた経験や最新の運動に関する理論やそれを支える精神に関する知見などを総動員して、客観的な視点から選手本人さえも気づいていない特性や癖などを見つけて、それを指摘し、必要に応じてアドバイスをし、また一緒に迷い、考えて、その選手の持っているまだまだ眠っているであろう力を引き出すことを仕事としています。

　発達障害のある人々を支える家族や支援者などは、当事者である本人の感じている感覚やその気持ちなどについて、頑張って理解しようと思ってはいても、100％理解するということはできないのではないでしょうか。それをスポーツ競技の能力に例えてみるのであれば、家族や支援者などの周囲の人たちは、多くの発達障害に関する本を読み漁ったり、いっぱい当事者の話を聞いてみたりするなど一所懸命に頑張っても、その実力（？）では及ばないことがほとんどでしょう。また、その気持ちや感覚などは、個人個人でそれぞれに違う唯一無二のものであるので、その人を100％理解するということは相当に難しいことになります。

　このようなことを大前提として周囲の私たちは、トップ選手のコーチのように、彼らが困っていたり、伸び悩んでいたりする時などには、困っていることなどに肯定も否定もせず、少しでも理解しようという気持ちで耳を傾け、また客観的に言動を観察し、必要な時にはアドバイスをするというような姿勢がよいのではないでしょうか。

　日々のセンターの相談の中で、発達障害のある人たちが年代にかかわらず共通して言うことがあります。それは、「何か具体的に支援をしてくれるのはありがたいのだけど、それよりもまず理解をしてほしい」「自分の気持ちを完全に理解してもらうことは難しいとは思うけど、理解をしようとしてくれている、その気持ちがあるだけで本当に助かる」「理解をしようという気持ちがないのであれば、本当に勝手なことを言っていることはわかっているけど、物理的・心理的に近くにいてほしくない」というようなことです。支援者など周囲の人は、このことを心に留めておく必要があるのだと思います。

3 | 発達障害のある人の ダッグアウトになろう

　川崎のセンターでは、開設準備の頃よりスタッフがいつも心に留めているモットーが二つあります。一つは、別のページにも書きましたが「Think ability, not disability ！」で、「できないことではなく、できることを考えよう！」ということです。もう一つは、ここでのテーマになる「発達障害のある方々にとってのダッグアウトになろう」ということです。

　ダッグアウトというのは、本来は敵からの攻撃を避けるための退避壕のことですが、野球用語では野球場にあるグランドより少し掘り下げられた監督や選手たちのための**居場所**の意味です。そこは、先発選手としてすでに出場している選手にとっては、次の打席や次のイニングに向かう英気を養うためにチームの仲間が集まる場所です。また、まだ試合には出ていないけれども自分の出番を待っている選手にとっては、監督から声がかかるまでは仲間を応援し、いざ出番となった時のためにエネルギーを蓄える場所です。彼らの他にも、選手のいろんな技術を支える各種のコーチ、心身のコンディションを整えるトレーナー、必要に応じてチーム内のコミュニケーションを円滑にするための通訳などもいたりします。センターが、そんなダッグアウトのような場所になれたらとの思いが込められているのです。

　普段から相談をしていて、まわりからはなかなか見えにくい障害である発達障害のある人たちやその家族から、いろんな声を聞かせてもらえます。それぞれに障害の可能性に気づく時期は様々で、本人がかなり小さい頃から「何となくよその子と違う」とお母さんが感じて通

院や相談に訪れる家庭もありますし、ずっと誰にも気づかれることなく、大分大きくなってから相談などにつながる家庭もあります。

　発達障害という言葉が世間に知られるようになったのは、最近になってからのことです。20年ほど前には、発達障害という言葉はほとんど目にすることも、耳にすることもありませんでした。ですので、センターに相談に訪れた家族から「これまでにも何度か困ったことがあって、通院をしたり、相談に行ったりしたけれども、全然理解してもらえなかったように感じた」という声を聞くことは、それほど不思議なことではないのかもしれません。また、本人も何となく周囲の人と違うのではないかと感じていて、「これまでもその時々の学校で、何とか周りに合わせて集団に馴染もうとしてきたけれども、どこでもうまく入っていくことができなかった」という話を何度も聞いたことがあります。

　そのような本人や家族にとって、面接が終わった時には「少しわかってもらえた感じがする」と思えたり、「何だか安心して過ごすことができたなあ」という感覚を抱いてもらえるような場所にしたいと私たちは考えています。

　今すでに、学校や職場などの社会に出て頑張り続けている人たちにとっては、ちょっと一息ついて、安心して腰を下ろすことのできる、またこれから社会に出ていこうとする人たちにとっては、その時が来たなら勢いよくグランドに駆け出していくことができる「発達障害のある人たちのダッグアウト」みたいな場所が、これから一つでも多くできていったらいいなと心から思います。

4 | 支援においても、 グランド整備は大事

　これも私が野球好きのために、野球での例えになってしまいます。野球を始めると「あいさつ」「礼儀」「道具の手入れ」などに加えて、「グランド整備」を厳しく教えこまれます。

　相談・支援の場合でいえば、部屋は大事な道具の一つであり、その環境をちゃんと整えておくことの大切さを先輩方から教えてもらいました。最低限、行き帰りが安全で、待合室は落ち着いていて、部屋は清潔に保たれ、秘密も守られて、安心して話をすることができる環境を整備しておかなければなりません。

　学校の教室の場合には、毎日のように掃除の時間があり、ひどく汚れているとか、物が散乱しているなどはあまりないかもしれません。しかし、学校に訪問した時には、発達障害のある子どもたちにとっては、少し刺激が多いのではないかと感じることがあります。

　理科の実験で校庭に向かったり、水泳の授業でプールに移動する生徒たちがいるのを完全にコントロールすることはなかなか難しいですが、その他の部分で取り組めるものは多くあるように思います。

　子どもたちは、教室で席に座ると大抵黒板が前の方に見えてきます。少し黒板の上の方に視線を移せば、校訓というのでしょうか、「誠実」「友愛」「協調」などの子どもには少し難しい文字の書かれた額があったりします。子どもによっては、「これはどういう意味だろう？」と気になってしまって、先生の話に集中できないかもしれません。また、そのすぐ近くには壁掛け時計があることが多いと思います。この時計も、「あと 10 分、各自で考えてみてください」などのよ

うに授業で必要になることもあるとは思いますが、子どもによっては「あと何分で授業が終わるのだろうか」「時計の針の動きって面白いな」などと時計に気をとられてしまって、授業に集中できなくなるかもしれません。

　教室の横や後ろの壁に目を向ければ、生徒たちの書道や図工の作品がところせましと飾られていて、その一つひとつがとても気になるかもしれません。また、とても上手に作られた、カラフルで、クルクル回り、その週のお掃除当番グループを教えてくれる制作物も、「どんな仕組みでできているのだろう」「なんか回してみたいな」と気になって仕方がなくなり、座っているのも難しくなってしまうかもしれません。ですので、必要に応じて、そのような刺激を減らすことも大事になります。

　その他にも、窓際に自分の席があることで光の刺激が強すぎる子がいるかもしれませんし、廊下側に座ることで廊下からの刺激に反応しやすくなる子もいるかもしれません。一番前の席に座ることで全体的な刺激を減らすことが合う子もいるでしょうし、自分からは見えにくい後ろの刺激が気になってしまう子にとっては、一番後ろの席に座ることで安心して授業に集中できることもあるかもしれません。これらのように席をどこに配置するかを考えるだけでも集中しやすい**環境を整備**することができます。

🏏**優れたチームや選手は、試合や練習の前後だけでなく、合間にも自分の打席や守備位置などをスパイクや手でならしたりするものです。支援を行うその場所の整備に心を配ることは、支援の効果にそのままつながるかもしれません。**

5 | 長い面接は実り少ない

　面接において、時間が長くなることでよい効果がもたらされることはあまりありません。このことは、センターの面接だけでなく、学校や様々な事業所の指導についてもあてはまるのではないかと考えています。

　諸説ありますが、そもそも人間の集中は長くても **15分** しか続かないと言われています。ですから、理想的には、面接時間も指導時間も15分で終わるのが一番効果的です。私の場合などは15分で面接が終わるようであれば、もちろん相談者と合意の上での話になりますが、60分で面接室の予約がとれていても15分で終えることも多いものです。それ以上の時間になれば、お互いの集中力も切れてきます。もちろん必要に応じて、紙やホワイトボードなどに面接の内容を記しながら視覚的に共有するなどの工夫もします。しかし、**面接時間が長くなれば、集中力の低下により言語的なやりとりにズレが生じてきたり、感情や感覚のコントロールなどが難しくなったりして、イライラしたり、落ち着きがなくなることなどが出てきたりすることも多くなります。**

　また、相談のために来所するには、例えば60分の面接のために、外出をするための身支度などの時間的なコストや往復するための電車賃やガソリン代などの経済的なコストがかかっており、非常に大切で貴重な時間です。支援者にとっても、働き方が以前とは変わりつつある最近では業務中のとても大切な時間ということになります。そのお互いにとっての大切な時間を効率的に使うことは、大変重要です。

🖊️支援者が、相談やその他のサポートを受けるために来所する人の「大切な時間を目の前で共有しているのだ」ということを意識し、相談やその他のサポートにあたることは大事な心構えの一つだと思います。

6 | 支援する人も 元気でいることが大切

　これは尊敬する大先輩に、支援を評価する一つの基準として教えていただいたことですが、支援をする側の支援者や家族が自身を評価する際にも役に立つのではないかと思っています。その視点は五つあります。

　一つ目は、「ご飯をおいしく食べることができているか」です。あたたかいご飯を食べることは人の情緒を安定させます。精神的に追い込まれて元気がなくなってくると、まずは食欲が湧かなくなり、実際に食べる量が減ってきます。また、それまでは普通に感じることができていた味を感じることができなくなって、ご飯をおいしく食べることができなくなります。日々の生活に必要な栄養がとれなくなると、当然、体がやせ細ってきますし、脳に必要な栄養もとれなくなることによって、正常な判断ができなくなったりもします。それが失敗体験につながって、自信を失ってしまうことにもなりかねません。

　二つ目は、「夜よく眠れているか」です。食べることと同じく、眠ることは心身の疲れを回復させ、これも人の情緒を安定させます。不安が強くなったり、あまりに忙し過ぎて脳の興奮がずっとおさまらないような状況となれば、人はなかなか眠りにつくことができなくなったり（入眠困難）します。逆に普段起きる時間よりもずっと早く起きてしまうようになったり（早朝覚醒）、はたまた夜中に目を覚ましてしまうようになったり（中途覚醒）することがあります。これが続くようになると心身の調子が崩れて、例えば集中力が低下し、ミスが増えたりするかもしれません。食事と睡眠が崩れることは自身が乱れ始

めていることのわかりやすい**サイン**だといえますので、早いうちに通院するなどの対処を考えてみることも必要かと思います。

　三つ目は「あいさつをする人がいるか」です。あいさつは、その人の存在を認めるという大切な役割があります。人はその存在を認められることが大切で、例えば自分が透明人間になってしまって、誰も自分のことに気づいてくれないような世界になったとしたら、とても生きていけないと思います。無視や仲間外れもとても辛いものです。家庭でも職場でも、一人でもあいさつをする人がいて、自分の存在を認めてくれる人がいることは、とても当たり前のことですが、元気でいるために大事なことになります。

　四つ目は「苦労をねぎらってくれる人がいるか」です。人は誰しも苦労をしながら生きていくものですし、支援をする立場であれば、それに伴う苦労を一つならず抱えているものです。その際に、自分が頑張っていることを見てくれて、その頑張りを認めて声をかけてくれる人が一人でもいることは大きな**心の支え**になります。

　最後の五つ目は、「必要な時に助け船を出してくれる人がいるか」です。四つ目のねぎらいの言葉も非常に助けになり、その言葉があるだけで問題解決を助けることができます。ただ、それも超えるような事態には、具体的な助け舟が必要になります。それは常に差し出されるべきものではなく、必要な時に差し出されることが大切で、いつも見てくれているから本当に必要な時にだけ差し出されるのです。支援が必要な人へのサポートも同様で、適切なタイミングで、必要なだけ支援があると本当に助かるのだと思います。

　🖊家族を含む支援する人が元気でなければ、持っている力を最大限に発揮して、よい支援をすることができません。ぜひ、自分が何個あてはまるかをチェックしてみて、ご自身を大事にしてあげてください。

7 | 「おまけ」の話

　「おまけ」といっても、お菓子についてくるオモチャの「おまけ」のことではありません。

　昔の話になりますが、私が子ども時代を過ごした昭和の時代には、公園や空き地に集まって、子どもたちが集団で遊ぶことがほとんどでした。その際に、少し歳の離れた幼いきょうだいを一緒に連れて遊びに行かなくてはいけないことも多く、他の友達にもそのような小さなきょうだいがいることが結構あったものでした。いわゆる「おチビちゃん」が何人かいて、お兄ちゃんやお姉ちゃんたちと交じって遊ぶことは普通の光景でした。

　また、同じ学年の子どもたちと遊ぶ場合でも、通常のやり方やルールで一緒にその遊びを楽しむには、少し、もしくは、かなり難しさのある友達と一緒に遊ぶことも多かったものでした。

　そんな時、地域によって呼び方は少しずつ違うのかもしれませんが、私の育った場所では「おまけ」などと呼ばれる位置づけがありました。今思い返すとすごくよくできたシステムだなと感心します。

　これは、例えば「鬼ごっこ」や「ドッヂボール」などの遊びをする場合に、厳密にはどちらのチームにも所属しないので、その「おまけ」の子の行動は勝ち負けに影響を与えない、というポジションです。そのため、体の大きい子どもなどから本気で追いかけられたりすることもなく、小さな子にとってとんでもなく速いボールをぶつけられることもないのです。それどころか、ボールを優しく転がしてもらえるので、もしボールを取り損ねても外野に行くことなく、力は弱い

ですが、まがりなりにも反撃ができるのです。非常に**絶妙な配慮**をされながら守られ、一緒に遊びに参加できるシステムでした。

　その中で、子どもたちは決定的にその子を傷つけないかかわりの仕方を自ら、または周囲の友達と相談しながら考えたりしたものでした。また、隠れ場所を見つけることにつながるような「ちょっとしたヒント」や「ほどよいチャンス」を与えてみたりして、その子の成長を考えるようなこともしながら、時にはちょっと泣かせてしまうこともありつつ共存して遊んでいました。

　子どもの考えることですので、お金も全くかほとんどかからない範囲での工夫でしたし、本来の目的である仲間たちとの遊びの楽しさを決定的に邪魔しないような過度な負担のない配慮になっていました。それはまさに、支援をする際の重要な概念の一つである合理的配慮（注）に合致しているということになるのではないでしょうか。

　その他にも、じゃんけんなどの方法でチーム分けをした時に、たまたま両チームに実力の差が出てしまったり、あるいは個人戦でもそれぞれの実力差が大きいことが明らかな場合には、普通に「ハンデ」という言葉が使われて、公平なゲームとなるような配慮がなされていました。

　最近では、子どもたちが集団で遊ぶようなことも少なくなり、このような「おまけ」のような領域を用意する機会もほとんどなくなってしまいました。**このようなサポートを受ける側があまり配慮されているような感覚がなく、支援する側も自然でほどよいサポートを提供することを学ぶことができるような機会**が今の時代にこそ必要ではないでしょうか。

　（注）障害のある方が他の人と同じように人権や自由を保障されるために、必要に応じて、個に応じた適当な変更や調整を行う配慮のこと。その配慮の実施にあたっては、過度の負担が伴わないこととされている。

コラム① 誰でも黙って 100ケース！

　もう 20 年ほど前のことになりますが、私が入所施設で生活支援員として働きながら、地域の相談室にて相談支援を始めた頃のお話です。

　私が勝手に相談支援のお師匠だと思っている大先輩から、「男は黙って 100 ケース」と言われました。今の時代にはあまり馴染まない表現かもしれませんが、当時は相談支援の「そ」もわからず、非常に不安を感じていた私にとっては、「よし、やるしかないな！」と少し勇気をもらった言葉でした。もちろん、自分なりにスキルアップを図るために関連する本を読み漁ったものですが、当時は今ほどには相談支援技術に焦点をあてた本は多くなかったように思います。

　相談に来る方の困っていることや日々の生活の状況などは、まさに「ケースバイケース」でそれぞれに違っているわけですが、まだ 100 ケースには到達しない頃に、その大先輩から、「出会った相談者について、一度表にまとめてみるといいよ」とのアドバイスを受けました。その後、困っている状況がある程度似ているケースを 5〜10 ケースほどに分け、さらに年齢や家族構成などのいくつかの項目を設定して、一覧表にまとめてみました。毎回毎回、目の前の相談者の困りごとが解決するようにと必死に考えて応じてきたことを一覧にまとめてみると、少し客観的に相談者の方々の状況が見えてきます。

　家が狭いとか部屋の割り振りがあまりうまくいっていないなどで家の自由度が低くなり、家族の間に物理的な距離がとれないことから衝突が起こっていたりする一群、経済的な自由度が低いことで余暇を楽

24

しむ余裕がなく、また障害福祉サービスの利用も費用面からままならないことで家族それぞれが心身ともに休まる状況が作りにくくて衝突が起こっている一群がいたりすることなどが見えてきました。

　もちろん、相談者一人ひとりの状況はそれぞれに違っていて、オーダーメイドでの支援を考えていかなくてはならないわけですが、ある程度のパターン化、**カテゴリー化**をすることにより、支援をスピーディーに進めることができたり、対応の道筋を客観的に考えたりすることができます。さらに、縦軸と横軸に項目を設定して、4群に整理することも有効であることも学びました。

🖋️**誰でも最初は初心者です。「誰でも黙って 100 ケース！」に真摯に向き合い続ければ、絶対に何かが見えてくる**ものです。

第 **2** 章

相談・支援における
本人理解のキホン

8 | 本当のニーズを見極める （ウォンツとニーズ）

　マーケティングの世界などでも使われるウォンツとニーズという言葉があります。ここでいうウォンツとニーズは、厳密にいえば、それらの意味とは少し違っているのかもしれませんが、日常生活で困っていることのある人たちへの支援を考える時に大変参考になります。

　まず、ウォンツは英語で書くと WANTS になります。WANT の複数形で、つまり欲しいものや望んでいるものの集まりということになります。一方、ニーズは英語で書くと NEEDS となります。同じく NEED の複数形で、必要とされるものの集まりということになります。

　何らかの支援が必要な人がはじめに語ることの多くは、ウォンツであるということがほとんどです。本人や家族がその時に欲しいと感じている支援や具体的な制度やサービスなどがウォンツになります。ただ、その欲しているものは客観的に、また長い目で見通した時に、本当に必要とされるものと一致しないことも多くあるものです。

　よく使われる例え話でいえば、子どもが「魚が欲しい！」と言った時に、それに対して大人が魚を買ってくるなり、釣ってくるなりして子どもに魚を与えれば、ひとまず「魚が欲しい」というウォンツを満たしてあげることができます。しかし、子どもはその時に魚を手に入れることができただけで、本当にそれでよかったのでしょうか。子どもは、その後も長い人生を生きていくことになるわけですが、その大人が何らかの理由で急にいなくなってしまった時には、子どもは自分の力で魚を手に入れることはできなくなるでしょう。

そのように考えると、大人が、大人の力を使って、ただ魚を与えることで子どものウォンツを満たすことよりも、魚の釣り方や、もしくは買い方などを教えてあげるなどして、大人がいなくても継続的に魚を手に入れることができるようにしてあげることが、子ども自身も気づいていないニーズ、つまり本当に必要とされているものということになるのではないでしょうか。また、釣りや買い物がどうしても苦手であったり、たまたま最初に会った大人との相性が合わなかったというような場合には、違う大人に「魚が欲しい」と上手に言える**スキル**なども大切になるかもしれません。

　本人と家族が現実に困っていて、訴えていることを真摯に受け止め、一緒に解決方法を考えていくことは非常に大事であり、支援の入口となります。ただ、🖊その向こうにある本当のニーズや将来を見据えた上での本当のニーズにも思いを馳せて、支援を考えていくということが重要だと思います。

9 ｜ 困っているのは誰？

　先に、ウォンツとニーズをちゃんと切り分けて考えることで、本当のニーズを見極めていくことが大事であるという話をしました。それと少し似たようなことになりますが、「困っているのは誰なのか？」「誰のニーズなのか？」ということを考えることも同じように大事なことであると思います。

　例えば、お母さんから、「この子は全く勉強が嫌いで、やる気がないので困っているんです。何とか勉強をさせたいと思うんですが、どうしたらいいでしょうか？」と相談を持ちかけられることがあったとします。これは、「勉強をさせたい」という親御さんの立場からの困っていることになります。しかし、それを子どもの側から話を聞いてみると、「勉強はやらなくてはいけないんだと思っているし、やる気が全くないわけではないんだけど、勉強のやり方がわからないからできないんだよ！」ということが多くあったりします。

　実は、子どもの側も困っていたわけです。勉強が嫌いなわけでも、やる気がないわけでもなかったということになり、2人の困り感にズレが生じていたことになります。この場合に、お母さんの訴えだけを聞いて子どもにアプローチをしても、問題の本質から大分離れてしまっており、解決に進んでいくことが難しくなります。それよりは、子どもに対して、勉強のやり方を適切な人に教えてもらい、その上で親御さんにも勉強がしやすい環境調整をお願いすることの方がずっと解決には近道であるように思います。この場合であれば、子どもと親御さんのニーズはきちんと切り分けて、支援を考えるということが重

要になるのです。

　また、少し違った話にはなりますが、親御さんが「この子と一緒にいると本当に疲れきってしまって、自分の時間が全然もてないんです。だから可能な限り、どこかに預けておきたいんです」という訴えがあったとします。確かに、子育てをしているお母さん方は本当に大変です。自分の時間を確保するなどのために、サービスを利用することなどが必要なこともありますし、子どもの方でもそのサービスを受けることで、生活のスキルを伸ばすことができるなどのよいこともあるかと思います。ただ、これもお母さんの望む通りの「可能な限り、どこかに子ども預ける」ためのサービス利用を調整することでは、子どもも含めた家族のニーズを満たすことにはならないのかもしれません。✎誰が、どのように困っているのかなどのバランスを考慮しながら、よりよい支援を考えていくということがとても重要になります。

10 | 立体的な把握のために

　支援を考えるにあたって、対象となる人について深く理解することは大変重要です。その深い理解のためには、**点**と**面**と**立体**という三つの視点をもって、対象者を見ていくことがとても役に立ちます。

　まず、理解するための第一歩として、支援者は一つひとつ情報を集めていくということから始めていくと思います。例えば、名前は一つの点の情報ということになります。それに年齢、性別というように、点の情報をどんどん集めていきます。これらの情報は、対象者自身に関するいくつかの情報ということになりますが、さらに「好きなこと」や「苦手なもの」などの点情報を集めていくと、それは点が無数に連なった線の情報となっていき、より豊かな情報が得られることになります。

　その線の情報は、対象者自身のデータの線情報ということになりますが、同じようにお母さんの情報、お父さんの情報、きょうだいの情報などを集めていくと、それらの線の情報がつながっていって、それは家族という面の情報になっていきます。それで対象者についての、より広い面を見渡した情報が得られることになります。

　さらに、その得られた家族という面情報を、時間の経過とともに何層にも積み上げていったり、学校や職場といったような他の面の情報を組み合わせていったりすることによって、それは立体の情報になっていきます。そのことによって、対象者についての多面的で立体的な理解が可能となります。

　このように立体的な対象者の把握が基盤としてあることによって、

よりよい支援のための適切な作戦を立てることができるようになります。点の情報のまま、あるいは面の情報のままで、その後の支援を組み立ててしまうと「何だかうまくいかないなあ」という感じになり、方向性を間違えてしまうこともあるかもしれません。

　これらの情報は、1回の面接であるとか、1回の指導時間でとか、一度に集める必要はありません。基本的に、一度で集めることはほぼ不可能だと考えた方がよいと思います。それよりは、その人と会うたびに、立体把握のためには「ここの情報がもう少しほしいなあ」と思いながら、少しずつ集めていくことの方がよいと思います。立体的な把握のための情報収集を、いつも心に留めておくことはとても重要です。

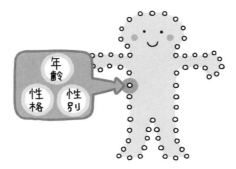

11 | それは発達障害に よるものか

　最近では、発達障害という言葉を新聞やインターネットなどの様々なメディアで目にしたり、耳にするようになり、大分世間に知られるところとなりました。しかし、まだ言葉が一人歩きをしていて、正しい理解が広がっているかというとそうではない現状も見られます。

　「支援の対象となる人＝発達障害」などということはあり得ないわけですが、それらを簡単に結びつけて周囲が本人や家族に「相談に行きなさい」と伝えて、それで相談に訪れる人はかなり多くなっています。ここでは、その問題とされているものの原因が、果たして発達障害によるものなのかを考えるための例をいくつかあげたいと思います。

　まずは、その問題とされている状態が、**一定以上の期間**、続いて見られているかということです。例えば、授業中などに気もそぞろで不注意が激しいとか落ち着きなくウロウロしているなどの行動があるとします。そのような行動が、3日や1〜2週間程度続いているということであれば、「大切にしていたペットが病気になってしまった」とか「同居していた大好きなおばあちゃんが亡くなってしまった」などの大変ショックなことがあったことによって、不注意や落ち着きのなさが一時的に目立ってしまっているのかもしれません。現在の発達障害を診断するための基準でいうと、それらが6か月以上続くということが1つの基準となっています。ですので、それよりも短い期間しか見られないということであれば、診断はつかないということになりますし、また障害にはあたらないということになります。

　また、その状態がいくつかの場面で見られるかどうかということも重要な視点となります。先のように、学校で授業中に全然集中ができなかったり、落ち着きがないのだけれども、家では大丈夫だったりする場合を考えてみましょう。極端な話かもしれませんが、例えば、隣に座っている子どもがいつ鉛筆やコンパスで刺してくるかもわからないほど落ち着きがない子であった場合には、みなさんでも安心して授業など聞いていられずに落ち着きがなくなるのではないでしょうか。それとは反対に、学校で落ち着いて過ごすことはできているのだけれども、家ではとても落ち着きがなくて困っているというような場合であれば、それは家庭での環境に何か落ち着いていられない要因があるのかもしれません。もし、障害と呼ぶのであれば、あらゆる場面で不注意や落ち着きのなさなどが見られるのであり、反対にある場面で自分をコントロールできているのであれば、それは障害とはいえないということになります。その他、発達障害のある方が、思春期にかなり独特なファンタジーの世界を語る姿を見て、いわゆる妄想を特徴とするような精神科的な疾患と間違われる場合もあるかもしれません。

　本人や家族が「相談に行くべきかどうか」を冷静に考えることは実際には大変難しいことだと思います。しかし、本人や家族よりも客観的に見ることが可能な支援者をはじめとした周囲の人については、是非「本当に発達障害なのだろうか?」という視点を持ち、アドバイスなどのサポートをしていただけたらと思います。

12 | 表に見えているのは せいぜい1割

　子どもに限った話ではありませんが、人のとる行動について考えていくにあたって、**氷山モデル**（注）という考え方があります。南極や北極などにあるきれいで雄大な氷山は、私たちの目に映るものは氷山全体からするとほんの一部であり、実は水面下にはその約9倍にもなる氷のかたまりが沈んでいます。そして、その大量の氷のかたまりが目に見えている水面上の氷山を支えているのです。これを行動を見る際に応用したものが氷山モデルということになります。

　もちろん、伸ばしたい行動を見るのに使ってもよいのですが、本人にとっても、周囲の人にとっても改善することが有益である行動を見る場合に使ってみると有効です。

　その改善をするとみんなにとってよい行動がある場合、その背景には「対人コミュニケーションの独特さ」「社会常識・社交情報の不足」「想像することの苦手さ」「注意の困難さ」「同じパターンへのこだわり」「感覚の過敏さまたは鈍感さ」「全体的な理解力の問題」「未学習や誤学習によるもの」などの様々な要因がかかわっていると考えられます。

　私が出会った少年で、自動改札機を飛び越えて無賃乗車を何度も繰り返してしまう中学生がいました。その時に、背景となる原因がいくつか想定されましたが、私は次のようなことを少年に会う前に考えました。

　「小遣いがほとんどないけど、どうしても行きたいところがあって無賃乗車を繰り返しているのかな」「お金がないわけではないのだけ

ど、帰りの電車賃を残すということが難しいのかな」「幼稚園までは
電車にタダで乗れたし、小学生の時には半額で乗ることができたの
に、何で中学生になった途端に全額とられるのかどうしても納得でき
ずに無賃乗車を繰り返しているのかな」「触覚の過敏さがあり、以前
に自分は悪くないのに急に制止するゲートが音とともに出てきてすご
く怖い思いをしたので、それから毎回飛び越えていたら習慣になって
しまったのかな」「以前に自分の前を歩いていたオジサンが、制止す
るゲートが出ているにもかかわらず平気で通り抜けているのを見て、
自分も大丈夫だと間違って学習してしまったのかな」などといろんな
原因を考えました。

　この少年の場合は、そのユニークな考え方が大きく影響していて
「自動改札が『ピンポン！』と閉まったとしても、そのゲートに全く
触れることなく飛び越えることができれば問題ないと思っていた」と
いうことでした。以前に体育の授業でやった「走り高跳び」のルール
がなぜか自動改札に応用されていたということでした。

　この場合は、その一つが大きな原因でしたが、表面上の行動からは
まず見えないものです。今回も想定される原因としては多くのものが
考えられましたが、多くの行動では複数の原因が、その背景にあるの
かと思います。 ✐行動の表面に見えている部分はせいぜい１割くら
いだと思って、その行動の背景にはその何倍もの見えないものが隠れ
ていることを頭の片隅に置いておくとよいと思います。

　（注）様々な人の行動の目に見える部分を氷山の水面上の一角に例え、水面下
　　　に潜むもっと大きな部分にその行動の原因が隠れているという考え方
　　　で、解決策を探っていくための一つの視点。

13 | 本人は「わかっちゃいるけど、やめられない」

　発達障害のある子の問題とされる行動を考えるにあたって、本人も「わかっちゃいるけど、やめられない」ということは一つの大事な視点となります。

　主にADHDのある子の場合は、彼らが普段通りに、冷静に考えれば、その行為をしてはいけないことは重々わかっているのだけれども、いざその場になった時には衝動コントロールの苦手さが発動し、その行為を抑えることができずにやめられないということが多くあります。したがって、その行動の後に冷静になって自身の行為を振り返った時には、「自分は何てことをしてしまったのだろう」と深く反省をし、自信を喪失し、さらにやってはいけないとはわかっている行為を繰り返す**負のスパイラル**に入ることで段々と気分が滅入ってしまいます。一方、ASDのある子の場合には「わかっていないから、やめられない」「知らないから、やってしまう」ということも多くあります。

　例えば、園や学校で列に並ばなくてはいけない場面で、列に並ばずにフラフラと歩きまわってしまうという子どもがいたとします。その場合に、ADHDの子であれば、列に並ぶことの意味するところは理解していても、何かその子にとって非常に興味のあるものが刺激として入ってきてしまうと「ちゃんと列に並んでなくちゃ！」との意識をよそに、列を離れてしまいます。一方、ASDの子の場合には、列を作って並ぶことの意味自体をその時点では理解しておらず、言ってみれば何の悪気もなく、列を離れて歩きまわっている場合があります。

ASD の子は、一旦その行動の意味やルールを理解すると、定型発達の子よりもずっとずっと真面目にそのルールを守って行動をするのですが、その意味が理解されていない、もしくは理解されるように説明されていないことによって、そのような行動が繰り返し起こり続けてしまうことがあります。したがって、ASD の子には、その行為には背景としてこのようなことがあり、こういう意味があるということを、視覚的な手がかりなども活用しながら（74 ページ参照）示していくなどにより、理解をしてもらいます。それで、問題とされる行動が驚くほど見られなくなることも多いです。

ADHD のある子には、例えば 5 秒間だけ体を動かさずに我慢することができたら褒めてもらえるなどの体験を重ね、その後少しずつ時間を延ばすなどして、衝動コントロールの力を高めていくなどのかかわりが考えられます。

いずれにしても、**本人としては悪気なくしてしまった行動によって失敗体験を重ね、自信をなくして行動範囲を狭め、さらに成功体験を積む機会が減るような負のスパイラルから脱出できるようなかかわりを周囲は考えましょう。**

インフォーマルな
立場からのかかわり

　私が以前に少年野球の監督をやっていた時のお話です。野球をやり
たいという子どもが何十人も集まると（親が野球をやらせたいという
場合を多く含みますが）、発達障害の診断などはないけれども、発達
障害的な傾向のある子どもが一定程度いることは当たり前です。

　私の受け持っていた選手の中にも、この子は少し ADHD 傾向かな
という子どもがいました。その子は、子どもである選手同士の話はも
ちろんのこと、私をはじめとした指導者の話も落ち着いて聞くことが
なかなかできません。私が集合をかけて選手たちは円陣を組んで話を
聞いているのですが、その子は話をじっとして聞くことが困難で、手
や足のどこかが常に動き（私の話がつまらなかったのかもしれません
が）、おそらく頭の中も多動となり、いろんな考えが頭に浮かんでは
消えていたのだと思われました。

　もちろん野球はチームプレイで進められるもので、チームワークが
非常に大切です。私はこのような仕事をしているので、その子がグラ
ンド内を走り回らずに円陣に留まっているだけで、「とてもエラ
イ！！」と思っていました。しかし、子どもである選手や大人である
指導者からもその子を受け入れがたい雰囲気が出てきてしまって、私
も監督としてどうしたものかと思案をしていました。

　そこで思いついたのが、その子をピッチャーにしてみることでし
た。野球では、ピッチャーはランナーが塁にいるシチュエーションで
投球をする時に、一度**体を完全に制止**してから投球しないとボーク
という違反になってしまうルールがあります。そこで、その子をピッ

チャーにしてみることを考えたのです。ランナーを塁に出して体を制止できないまま投球をするとボークとなり、ランナーはどんどん塁を進んでいって点数が入ってしまうことになります。とっても負けず嫌いなその子は、自分のせいで点数が大量に入って試合に負けてしまうことが本当に心から許せません。

その後、一緒に練習を重ねるうちに、その子は少年野球での最低限の判断ラインとしての1秒以上体を止めることができるようになりました。さらには、出したランナーとの駆け引きをする牽制がうまくなるためにもっと長い時間でも体を制止することができるようになり、持ち前のエネルギーの高さでとてもいいピッチャーになっていきました。

それからは、仲間の選手たちや指導者の話を聞くことも少しずつできるようになり、学校でも授業中の出し抜けの発言なども減少して、少しずつ周りの人との関係も改善し、自信も獲得していったようでした。 ✎ほんの小さな成功体験でも、のちの大きな成長につながっていきますし、役割が人を大きく成長させることも多くあります。

14 | そもそも困っていることに 気がつきにくい

　まわりの人が「なんか大変そうにしているな」「少しでも助けになれることはないかな」と思っても、その人自身に「大変だな」とか「困ったな」という感覚がなければ、まわりの人はなかなか助け舟を出すことができません。少し話は変わってしまうかもしれませんが、「まだまだ自分は元気だ！」と思っているお年寄りに電車で席を譲ろうとしても、その親切心をなかなか受け取ってもらうことはできないことと似ているかと思います。

　客観的に見ると「大変そう」「生きづらそう」と思えても、本人からすると生まれた時からずっとその感覚で生きてきたわけです。小説や映画のように誰かの身体と入れ替わって、他人の感覚を我が事のように感じることは現実にはできませんので、基本的に私たちは自分の感覚しかわかりません。この頃はいわゆる「大人の発達障害」といわれる方の相談が増えていますが、40歳を超えてから初めて自身に発達障害があると気がついた相談者の方から次のようなお話を聞いたことがあります。その方は、「物心のついた幼稚園くらいから、ずっと何だか生きづらいなあとは思ってきたけど、きっとまわりのみんなもそうだろうし、みんな頑張っているんだから、自分も我慢しなきゃ！と思ってずっとずっと40年以上も過ごしてきたんです」と話されました。

　困っていることは視覚的に見えにくいということも原因としてあるかと思います。体温や血圧のように具体的な数字として示されて、この数値以上であるとウイルスに感染している可能性が高いとか高血圧

であるなどを知ることが難しいのです。例えば、まさにひどく困っていて、かなり苦しい状況で自分の姿を鏡で見たとしても、顔には「困っています」とは書いてありません。いわゆる苦悶の表情と苦しいとか困っているという感情がつながっていなければ、自分が苦しいほど困っていることの理解は難しいかもしれません。

ですので、その時々に持っている感情とシンプルな表情の絵や写真などをマッチングさせる練習を繰り返したりすることで、困っていることをはじめとした自分の感情や状態に気がつきやすくなっていきます。また、音声ボリュームでもスピードメーターでも、その人に馴染みのあるものでよいのですが、落ち着いている時や困っている状態などがそれぞれどれくらいの位置や数値であるかなどを目に見えるようにしてあげることで理解がしやすくなります。決定的に困ってしまう少し手前はどの位置で、その時には足がガタガタしてくるなどのサインがあること、そんな時には「安心なものを握ると大丈夫」とか「ちゃんと断って、その場を離れることで大丈夫」などの対処法を事前に一緒に考えておくことで、上手に対応ができるようになり、次第に自信もついてきます。それを一つひとつ積み重ねていくことで、安心な場面が少しずつ増えていき、生活の幅も広がっていくのです。

15 | 当たり前のことほど 理解が難しい

　私がセンターで出会う人たちは、子どもでも大人でも本当に真面目な人が多いと感じています。また、一般の人と比べて記憶力などに優れている人が多いように思います（もちろん記憶が苦手な人も一定程度います）。ですので、その真面目な性格や優れた記憶力などから、学校で教えられたことなどはよく学んで、よく覚えており、本当に驚かされることも多いものです。しかし同時に、教科書には載っていない、学校や家庭でもあえて人が教えてくれないようなことについての学びは苦手だなあ、と感じさせられることがあったりします。

　相談で聞く話としては、「学校は義務教育だから何が何でも行くものだと思っていた」ということがあります。義務教育だから、頭が痛くても、おなかが痛くても、何が何でも学校に行かなくてはと思っていて、実際に小学校と中学校と９年間、無遅刻無欠席だったという人も多くいます。ただ、「例えば、熱が 37 度以上あれば休んでもいいと教えてくれれば休んでいたのに……」と、誰かがそのことを教えてくれていたら休みたかったそうです。

　学校では本当にいろんなことを教わりますし、その学習内容の量は膨大なものになります。ただ、世の中で生きていくのに必要な知識は、その何倍、何十倍もあります。そこの部分を家庭でのしつけやいろんな場面で学んでいくことになるのですが、例えば家庭で教えるにしても、親御さんの学んできたことやその感覚だけではなかなか気づかないようなことで、つまずくことが多いのです。昔は大家族で育ち、親以外の家族がそこを補ってくれていたかもしれないし、地域の

人も教えてくれたり怒ってくれたりして、そのような場面からも学ぶことができましたが、今の時代はなかなかそれを望めません。

　大人になり就職するようになっても、当たり前の理解が難しいことで苦労をしたりします。新人研修で、お辞儀の仕方や名刺の渡し方などは習うかもしれませんが、職場の電話に出る時に、「いつも大変お世話になっております」などと言うことは、あえて習わないかもしれません。その場合に、「自分は、一度も会ったこともないし、大変どころか全くお世話になったこともないのに、何でそんなことを言わなきゃいけないのかわからない」と悶々と悩む人もいて、センターでの面接でその意味について丁寧に説明したりすることもあります。

　それらを、日々の生活の中で実際に目にしたり、ドラマや映画などから自然に学んで、上手に対応できれば一番よいのですが、それがなかなか困難な人が多いのです。それに対して、全部先回りして事前に伝えてあげることも、なかなか難しいことではあります。ただ、そのようなことで生きづらさを抱えているかもしれないことを周囲が理解しておくことは大事です。また、そのような場面に出くわしたならば、その意味を伝えることができるし、一緒によい方法を考えることもできることを伝えておくだけで日々の安心感が大分変わるのではないでしょうか。

ルールは守る。
マナーを守ることは難しい

　発達障害のある人の多くは本当に真面目で、一度教えられて理解したルールや納得したルールについては、いわゆる定型発達の人よりもずっとずっと厳格に守り、まさに優等生であり、善良な市民となります。ただ、いわゆるマナーというものを守ることは本当に難しいという話を聞くことがあります。ここで、**ルールとマナー**とはどのようなものなのかをあらためて確認しておきたいと思います。

　ルールとは、人が従わなくてはいけない規則のことで、必ず守らなくてはいけないものです。そのルールがきちんと守られなければ、社会の秩序が乱れたり、人々が危険に晒されるなどのことが起きかねません。みんなが信号を守らなかったり、制限速度を守らずに時速180kmものスピードで運転をしていたとすると、おっかなくて私たちはとても安心して生活が送れません。ですので、ルールを守らない場合には罰則が設けられたりしています。

　一方で、マナーとはルールのように必ず守らなくてもよいものですが、社会で生活をしていくにあたって守った方がよいものということになります。マナーを守らないことでの罰則などはありませんが、マナーを守ることでみんなが気持ちよく過ごすことができ、不愉快な気持ちにならなくてすみます。

　ルールというのは、恐らく世界のどこに行ってもほぼ共通のもので、どの国に行っても「人を傷つけてはいけない」し、「物を盗ってはいけない」のではないでしょうか。これらが、ある国に行けば許されるということはほとんどなく、大変わかりやすいものです。

しかし、マナーは時と場合によって異なり、またルールと比べて膨大な数があります。マナー講座やマナー本で多少は学ぶことができるかもしれませんが、あえて誰かが教えてくれるものではありません。

　マナーは覚えるべきこともありますが、多くはその場面に応じた観察力と想像力で相手を気遣って環境を整えたり、思いやりのある振る舞いをすることになります。それらを想像することが難しいため、マナーを守ることも難しくなるのだそうです。

　自分がいつも厳格にルールを守っていることでまわりから「少しかたいなあ」とか「とっつきにくいなあ」などと思われていることも感じるそうです。また、自分が安定して過ごしたいがために、まわりにもルールを守ることを求めたりすることで関係が悪くなることもあるそうです。そして、一番問題なのは、まわりの人にはルールを守ることを求めるくせに、自分はマナーを守れていないことも多く、そのことには自分でも矛盾を感じているそうです。

　これは、✎大人の相談者から聞いた話ばかりですが、子どもも同じような悩みを無意識で感じているかもしれません。周囲の人は、このことを心に留めておいて、必要に応じて助け舟を出す準備をしておくことが大切だと思います。

\ わかりました /

17 | 絵に描きやすいものは理解しやすい

　最近では、発達障害のある当事者の方が書いた本が増えてきました。それらの本の中では、「物が見えないところに隠れてしまうと、それでもう自分にとっては無いものになってしまう」とか「自分の体の一部であっても、自分から直接見えない背中などはほぼ無いものに等しいし、座っている時に机の下に隠れた自分の足が自由に操れない」などと書かれたりしています。センターに来たある相談者の方も、確かにそうだと感じることが多いと教えてくれました。そのため、日常生活で何かをすっかり忘れてしまって困ることも多いし、自分の身体であってもうまく体の一部を扱えないことで困ることも多く、見えないものに対する苦手さはあるとのことでした。

　その方は、物ごとの理解の仕方を考えても、「絵に描きやすいものは理解がしやすい」し、「絵に描きにくいものは理解がしにくい」ということも教えてくれました。

　例えば、テレビや車やネコなどは簡単に絵に描くことができるし、何なら写真にも撮ることが可能です。そのようなものは、とても理解がしやすいそうです。

　次に、「比較的絵にしやすいものは、同じく比較的理解がしやすい」とのことでした。例えば「高いと低い」や「大きいと小さい」などはその概念そのものを絵に描いたり、写真に撮ることはできません。しかし、子ども用の英単語の学習本の「High & Low」や「Big & Small」のように比較的絵にしやすいので、それらは比較的理解がしやすいそうです。

最後に、「なかなか絵に表しにくいものは、やはり理解がしにく
い」ということを教えてくれました。「しあわせ」とか「なおざり」
とか「昼下がり」などが、それにあたります。「しあわせ」などは比
較的絵に表しやすいようにも思えますが、シチュエーションや人に
よって変わってくる、それぞれの「しあわせ」のようなものは理解が
しにくいそうです。「なおざり」や「昼下がり」などは、かなり絵の
上手な人でも描き表すことはかなり困難だと思います。そのようなも
のは、私たちが絵で表すのに困難を感じるように理解がしにくいとの
ことです。

　しかし、それは基本的な理解の傾向であって、その他の辞書などの
助けを得たりして、その概念を理解していくことはできます。また、
1枚の絵だけではなかなか理解が難しいことも、映画のように絵の連
続ともいえる動画などから理解を助けてもらえることもあるので、全
く理解できないわけではないとのことでした。ただ、人の顔などの大
量の情報を扱わなければならないので、途中で話についていけなく
なったり、すごく疲れてしまったりすることもあるそうです。

　◢発達障害のある人の全員がそうであるということではありません
が、一部の人にそのような理解の傾向があることを周囲の私たちは
知っておくべきだと思います。知的能力のあまり高くない人にとって
は、辞書などの他から理解を助けるものが制限されてしまうこともあ
るので、そのことについても心に留めておくことが必要なのかもしれ
ません。

18 ┃ ちょっとの応用が難しい

　日々、子どもの相談者や大人の相談者とセンターでお話をしていますが、その中で、私たちからすると「**ちょっとの応用**ができたら失敗しないのに」と思えるような失敗話を聞くことが多いように思います。

　ある中学生が、「この前、廊下であった友達に、マンガ週刊誌を貸してくれと言ったら貸してくれたんです。だけど、次の週にまた廊下でその友達にあったので、またマンガを貸してくれないかと頼むと『なんで今そんなことを言うんだよ。バカ！』と怒るんです。ひどくないですか？」と話してくれました。そして私が、「何か前の週とは違う状況だったのではありませんか？」と尋ねると、「そうですね。近くに担任の先生がいましたね」と答えるのです。普通に考えれば、学校にマンガを持ってくること自体が禁止されていて、さらに先生の前であえてマンガの貸し借りをすることは考えにくいと思います。しかし、その中学生からすると、先生が近くにいた以外は、マンガをうまく借りることができた先週とほぼ同じ環境であったので、特に気にも留めなかったとのことでした。定型発達の人からすると、変更点は一つであっても状況は大きく変わっていて、それに対しての対応もかなり変わってくる、もしくは正反対になるような状況です。でも、彼らからすると、条件が一つ変わっただけで、状況としてはあまり変わらないように感じられて、以前にうまくいった対応方法をそのまま適用してしまうことがあります。ちょっとの応用が苦手なことが多く、それでトラブルになってしまうことが多くなったりします。

大人になって仕事を始めてからも、似たようなことが起こったりします。定型発達の人から見れば、「前と少し条件は違うけれども、前にやった仕事をちょっと応用すればできるな」という感覚のものも、彼らからすると全く別もののように感じられて、前の経験が生かされずに同じような失敗を繰り返したり、すべてを1から始めてすごく時間がかかり、仕事の締め切りに間に合わないということにもなりがちです。

　このようなことは、生活のあらゆる場面で影響してくることになります。人付き合いについては、自分がすでに持っている、これまでうまくいったことのある、数少ない対人パターンで勝負できそうな人とだけ付き合うことが、とても安心になります。ある人から聞いた話では、「僕の場合は、人が嫌いなわけではないのです。だけど、友達を作ろうとしても、悪気はないのに、気がつくと友達が怒っていて、うまくいかなかったのです。そうすると、自分と同じような趣味の、同じようなおとなしい人と、ある程度のかかわりを持つだけで十分ということになってしまうのです」とのことでした。

🖊ちょっとの応用が難しいとすると、私たちから見るとほとんど同じだけど少しだけ違う一つひとつのパターンを覚えていって対応しなければなりません。しかも、常に事態は新しくなっていき、その覚えるべきパターンは無限大だとも言えます。それでも、物的な環境や人的な環境などあらゆる環境に対応していかなければならないのです。発達障害のある人の全員がそうであることはあり得ませんが、そのような世界に生きている人が少数でもいることは頭に入れておく必要があります。

だから同じものに こだわる

　これも私が相談者の方から教えていただいたことです。ちょっとしたことの応用が難しいことから、毎日なるべく同じようなことやものなどにこだわってしまうことを例えで教えてくれました。

　「僕たちが、ほぼ毎日同じ服を着たがったり、同じものを食べたがったり、同じ道をたどって通勤や通学をしたかったりするのは、きっと阿佐野さんが英語圏でなくてほとんど言葉もわからない、治安状態も衛生状態もおそらく相当悪いであろう国に、1週間程度の出張をした時に、どのようなことを考えるかを想像してくれればわかるんじゃないかと思いますよ」と話してくれました。続けて、「そのような国で、ホテルはまずまず安心だとして、もしホテルの近くに吉野家とかセブンイレブンとかマクドナルドとかがあったら、**少し安心**しませんか？」と聞かれて、私は「そうですね。それらのお店であれば、言葉が通じなくても買い物をする勝手は大体わかりますし、食べてお腹をひどく下すような酷い食べものは出てこないのではないかとかなり安心します」と答えました。「1週間やそこらであれば、阿佐野さんでもずっとマクドナルドとかでもいいと思いません？」と話され、私はうなずきました。また、「その行き帰りを、無事に、迷わず、1回でも過ごすことができたら、あえて新しい道に挑戦したりせずに、安全だったそのルートを次も選びませんか？」と聞かれたので「確かに、そうするかもしれません」と答えました。

　「僕たちはちょっとした応用が苦手で、日本人として日本に生まれて、日本語を母国語として生きていて、日本で 20 年以上も生活をし

ているわけなんですが、さっきの言葉の通じない、安全かどうかもよくわからない外国に短期出張した例え話に近い不安を日々感じています。なので、同じ服や同じ食べ物や同じ道順など生活のもろもろを、なるべく同じパターンに揃えて少しでも安心して生活できるようにしているんです！」と話されました。

　その話を聞いて、日々同じものにこだわりたい気持ちがすごくよくわかった気がしました。この話も人それぞれでもちろん違ってくるのでしょうが、そのような感覚を持って日々生活している人が少なからずいることは考えておくべきです。

20 | 現実検討や見積もりが 難しい

　彼らの**生きづらさの原因**の一つとして、現実検討や見積もりの難しさというものがあります。これもすべての人にあるわけではありませんが、あるとやはり生きづらいものです。

　ある日、大人の相談者と話をしていました。仕事の方が大分軌道に乗ってきたので、次のステップとして一人暮らしを始めてみようかという話になりました。そこで私が「川崎で一人暮らしを始めるとすると、ひと月でどれくらいお金が必要だと思いますか？」と質問をしてみました。すると「大体2万円もあれば大丈夫じゃないですか」と答えてくれました。これは子どもが答えたわけではなく、年は25歳、知的には全く問題がない男性でしたが、このような答えが返ってきました。

　その後、一緒に、項目ごとにかかるお金について紙に書き出しながら確認をしていきました。誰しも、親と一緒に家で暮らしている時には、電気代や水道代などいくらかかっているかについてはあまり気にも留めていませんので、よくわかっていないこともあるかもしれません。しかし、「月の電気代は200円くらいじゃないですか」など、文字通りの桁違いの数字にはあまりならないのではないでしょうか。ただ、その彼も携帯電話にかかる料金とか趣味であるプラモデルの価格など、興味のあるものについてはかなり正確に把握をしています。それであれば、合算するだけで2万円を軽く超えてしまうことはわかりそうなものですが、それでも「大体2万円もあれば大丈夫じゃないですか」ということになってしまうのです。家賃なども全く想定してい

ませんでした。また、「給料が手取りで16万円はあるから、プラモデルに10万円くらいはかけられるかな」と言って、2万も3万もする高価なプラモデルをポンポンと買いたいと話をしますが、そのまま一人暮らしに突入すれば、すぐに生活に支障が出てくるでしょう。

これまではお金の話をしましたが、時間についても同じようなことが言えます。例えば、「始業時間に間に合うためには、大体何時に起きれば間に合うと思いますか？」と尋ねます。すると、朝の身支度の時間の見積もりが甘く、現実に必要な時間よりも大分短い想定の起床時間の答えが返ってくることも多いです。これも、着がえや朝食や歯磨きなどの一つひとつについて所要時間を確認していきます。すると、「歯磨きは1分」と磨き残しが心配になりますが、所要時間は合っていたりします。しかし、「朝食は5分」と言っていても実際には20分くらいかかっていたりします。また、男性であれば髭剃りが、女性であればメイクの時間がすっかり抜け落ちていたりもします。それで、全体の時間の見積もりが大分違ってしまい、遅刻が多くなってしまうのです。

少し話は変わりますが、「薬は食後となっているので、時間がなくて朝食は食べないのだから、朝はほとんど服薬しません！」というように別の生活の課題が見えてきたりすることもあります。

大人になってもこのようなことで困ることがあります。子どもでも似たような理由で、困っていることがあるかと思います。そう考えられる場合には、一つひとつについて一緒に考えてあげて、将来のために現実検討と見積もりの練習をしてあげてください。

21 | いろんなタイミングが つかみにくい

　これは想像することの困難さや身体の動きの不器用さ、時間の見積もりの苦手さなど、様々なことが関係しているかと思いますが、次のような困りごとを相談の中で話される人がいます。

　まず、わかりやすいところでは、信号機のない横断歩道を渡るのが難しい、ということがあるそうです。信号機のある横断歩道では「赤のライトが光っていれば止まる」「緑にも見える青といわれるライトが光っていれば渡ることができる」と止まったり歩いたりする**タイミング**はとてもわかりやすくなっています。しかし、信号機のない横断歩道を渡る時には、とても怖くてなかなか渡れないというのです。小さい頃から横断歩道を渡る時には、「まず右を見て、次に左を見て、再び右を見て、車が来ていなければ渡りましょう」と教えられてきたけれども、左右を交互に見るために視線を大きく動かすことだけでも大変だし、車が遠くに見えていてもどれくらいのスピードで近づいてくるのかがつかみにくく怖いそうです。休み時間のドッヂボールや体育の時間のバスケットボールなどで捕球のタイミングがつかめず本当に怖かったり、実際に痛かった経験がある。それが車となればまさに命にかかわることなので本当に怖いということです。

　ほかでも命にかかわることではないのですが、会話のタイミングがわかりにくいということがあるそうです。1対1の会話でもタイミングをつかむことが大変なことがあるそうですが、3人以上のグループでの会話となるとタイミングをつかむことが非常に難しくなるそうです。そうなると、ほとんど会話に入っていくことができず、ただ聞い

ているだけになってしまいます。もっと人数が増えると、そもそも誰を見て話を聞けばいいのかもわからなくなり、内容についていくことも大変になるとのことです。

　大人になってからも困るものとしては、職場で求められるホウレンソウと呼ばれる「報告・連絡・相談」があるそうです。そのホウレンソウを「いつやればいいのか」についてのタイミングをつかむことが難しいのです。上司の様子を見て、「少し手が空いたかな？　今だ！！」と思って席を立つと、他の社員がすかさずホウレンソウのために上司と会話を始めてしまいます。すると、自分は入り込めなくなってしまい、そんなこんなを繰り返しているうちに、あっという間に終業時刻になってしまって、結局ホウレンソウができなくて、仕事の評価を下げてしまうのです。

　子どもの場合でも、お母さんや先生に何か相談したいことがあるのだけれども、その相談するタイミングがつかめないことで、ずっと悩みを抱えたままにしているかもしれません。そのような場合には、**子どもに対しても、大人に対しても、様子を見ながらまわりの人から聞いてあげる、もしくはホウレンソウや相談できる時間を決めて、安心して相談ができるように配慮することで、少しずつ適切なタイミングで相談などをするスキルが上がっていく**のだと思います。

わたれない…

ビュン

22 | 「発信」と「理解」を 切り分けて考える

　発達に課題のある子どもたちとの**コミュニケーション**を考えるにあたって、その発信と理解を切り分けて考える、またその中身について考えていくことが大事となることがあります。これは、子どもたちとのコミュニケーションを考える場合に当然大事になりますが、対人コミュニケーションにおいて生きづらさを抱える大人へのサポートを考えるにあたっても大事になってきます。

　私たちは、すごくおしゃべりで発信の多い人は、きっと入力する力も強く、理解も優れているだろうと思いがちです。もちろん、そういう人もいますが、必ずしもそうとは限らない人もいるのです。知識を蓄えていくような長期的な記憶が非常に得意な人は、豊富な知識をもとに雄弁に語ることができるかもしれません。しかし、知識までにいたらない、例えばはじめての店を予約するために、ほんの少しの間だけ電話番号を覚えておくような短期的な記憶については苦手であったりすることもあります。そうすると発信としては、雄弁に、流ちょうに話をしていても、こちらが言ったことについては聞いたそばから忘れていたり、意外に理解をしていないということもあるのです。発信は見た目にもわかりやすいものですが、理解をしているかどうかについては見た目にはわかりにくいものです。本当に理解しているかどうかについて、わからないと言い出すこともなかなか難しいものがありますので、時折まわりから聞いてあげることも必要かもしれません。

　また、その豊かな発信に見える部分について、その中身を細かく見ていくことが有益なこともあります。例えば、「あいさつをする」「自

分の名前や年齢などの情報を相手に伝える」などは、発信の種類としてはやさしいものになります。また、「自分の興味のあることについてとても詳しく話をする」ことも、どちらかというと一方的に発信して、それ以上互いのやりとりはあまり必要ないものです。また、「いやだー」のように「何かを断る」時の発信や「痛いよー」「怖いよー」などの「まわりからの注意を獲得する」ための発信もあったりしますが、これらも双方向のやりとりはあまりなく、幼児でも身につけることができます。

　喉が渇いて「水をください」などの「物を要求する」発信や道に迷ってしまい「道順を教えてください」などの「情報を要求する」発信など、何かが不足している状態に気づき、それを満たすための発信があります。これまでのものに比べれば難易度は上がりますが、これもそれほど難しいものではないかもしれません。

　ただ、友達とケンカになって、その「原因や状況などを説明する」などはかなり難しい発信になります。また、トラブルになった時に、その時の「感情を説明する」などについては、一気に難しいものになってきて、大人でも難しくなることも多くなります。

◆発信の量が多いだけで、その発信が豊かであるということはありません。一方的な発信であるのか、自分の要求を満たすための発信なのか、自分の感情や状況を説明することができる発信なのかなどの中身を見ていくことで、コミュニケーションの力を把握することができます。

受け止めの段階と個に応じた地域の支援を考える

　障害の受け止めは本人や家族にとっては大変ナイーブで、また非常に難しい問題です。相談や支援の対象となる人が子どもなのか大人なのか、本人としての立場なのか親御さんとしての立場なのか、「もしかしたら障害があるのかもしれない」という事態に出会ってからどれくらいの時間が経過しているのかなどの条件によって実に様々ですので、まさに一つひとつ**個別の問題**として考えていく必要があります。

　障害の可能性に出会って、それを受け止めていくプロセスについては、いくつかの理論やモデルがあります。その道のりは、大抵は長く、そして険しいものであることがほとんどです。はじめは大変なショックを受けて大きな悲しみを感じます。ある親御さんは、その時に「健やかであるはずのわが子の死」と考えていたと教えてくれました。その後、少しずつ受け止めが始まっていくわけですが、乳幼児健康診断や入園式などで他の子どもと一緒になった時に、またわが子のできない部分が目について再びショックを受けるのです。その後も、入学式や受験などの様々な場面で同様のことが起こるのですが、時間とともに成長を喜んだり、また比較して少し落ち込んでみたりを繰り返しながら、受け止めが進んでいきます。

　そして、それぞれの人が、それぞれの経過の中で、それぞれの段階にあるわけですが、私たちは、そのことに留意してかかわっていく必要があります。

　相談の場面でも、学校や療育やその他の場面でも、その受け止めの段階によって、まずその場面で使うことができる言葉が変わってくる

ことになります。受け止めのまさに入り口のところにいる本人や家族には、まず「障害」という言葉を簡単に使うことはできません。「気になる行動」のような、あまり直接的ではない言葉や客観的な状況や状態像で示していく必要があるでしょう。

　また、提案できる具体的なサービスについても、受け止めの段階によって変わってくることがあります。やはり、受け止めの入り口の時点では、各種の障害関係の法律に基づく障害福祉サービスを提案することは難しいことが多くなります。そのような場合には、障害福祉サービスではない一般的な子どもの居場所を提供するサービスや学習支援のサービスなどを、必要に応じて組み合わせて提案することになるかもしれません。

　これも先輩に教えてもらったことですが、障害の受け止めがどの程度進んでいるかにかかわらず、✒障害福祉サービスのようなフォーマルなサービスだけで支えられるよりも、近所の人や商店などによる見守りのようなインフォーマルなサービスに支えられる方がよいこともあります。それは、まさにその人の個に即した、柔軟で、唯一無二のサービスに支えられることになります。社会の側から見ても、金銭的なコストはあまりかかりませんし、その人の暮らす地域に即した、自然で、永続的な支援になる可能性が高くなるのだと思います。

24 | 二次障害と自尊心

　これまでも発達障害のある人が、日々の生活を送る上での大変さに触れてきました。その特性から、生活の様々な場面で困難さを感じることも多く、それが「失敗してしまった」という体験になることも多くなりがちです。

　そのように失敗が続くような環境に身を置いた場合に、人はその**負のエネルギー**を心や体に溜めていってしまいます。その負のエネルギーが向かっていく方向として、大きく分けて二通りの方向があります。

　一つは、その負のエネルギーの向かう方向を、自分の内側に求めていくタイプです。日本人は「恥の文化」を持っているといわれていますが、私たち日本人は、このタイプが多いのかと思います。その負のエネルギーが自分の内に向かっていくと、それは抑うつ的な気分をもたらすかもしれませんし、不安が強くなったりする方向にも働いたりします。それが、うつなどの気分障害や不安障害などの精神科的な疾患につながっていくことも可能性としてありますし、不登校やひきこもりのような状態像に広がっていってしまうことも考えられます。このような状態は、「内在化障害」と呼ばれたりします。

　もう一つは、発生した負のエネルギーを外に向けていくタイプです。家庭や学校などの場面で、暴言をはいたり暴力をふるったりすることにより、負のエネルギーを発散します。それらを繰り返し、段々とエスカレートしていって、非行や犯罪につながっていく可能性も十分に考えられます。このような状態を、先の内在化障害の反対の、

「外在化障害」と呼んだりします。

　そのような内在化障害にしても、外在化障害にしても、もともとの発達的な特性が一次的にあって、それらが関連して二次的に起こっているということから「二次障害」と呼ばれたりします。

　その二次障害を予防するためには、自尊心が非常に大切であると考えられています。人は誰でも得意な面と不得意な面があるわけですが、発達障害のある人はとりわけ得意な面と不得意な面が際立っていて、その差が大きい人が多いように思います。得意な部分については何の努力をしなくてもよくできるのに、不得意な部分はいくら頑張っても人並みにはできないということが起こりがちです。すると、自分でもどっちに照準を合わせたらよいのか、どちらが本当の自分なのだろうかなど、自己理解も難しくなるのではないでしょうか。苦手なことも含めて自分であるという感覚が得られにくければ、自尊心も生まれにくくなってしまいます。

　また、自分自身でも理解が難しいのだから、家族をはじめとした周囲の人は、もっとその理解が難しいということになります。あわせて注目しておくべきことは、本人と同様に家族も家族の立場として失敗体験を重ねることが多いということになります。

　✎まわりの人が、その得意な面、健やかな側面に注目してかかわるということが非常に大事であり、そのことにより本人や家族は自尊心を損なうことなく保つことができます。その際に、特に涙ぐましい努力をしなくてもできていること、普段からできていることを認められ、褒められ、「今のままの自分」を受け入れられることがポイントとなります。

25 | トラウマになって しまっているかもしれない

　「トラウマ」なんて聞くと、想像もできないような災害に見舞われたり、児童虐待のようなすごく辛い環境の中で過ごさざるを得なかった一部の人だけに起こることであると思われるかもしれません。しかし、発達障害のある人にとっては、私たちが思うよりもずっとずっと多くトラウマと表現しても言い過ぎではないような**辛い体験**をしているかもしれません。

　トラウマは、日本語では「心的外傷」などと訳されますが、その人が自分の力だけでは対処できないほどの強く辛い体験が与えられることを指します。そのことを考える際にとても大切なことは、周りの人から見た客観的な印象はある意味ではどうでもよく、それよりもその人の心の中で起こる主観的な現実の影響がとても大きいということです。

　想像することに苦手さがある、相手の気持ちを察することに苦手さがある人には、全く予測もしていなかったようなことが突然に起こってしまうことが多くあります。そのような状況では、その人にとっての突然の事態に上手に対応することができず、自分も環境もコントロール不能となり、大変辛い体験となります。

　まわりの人からすれば「そんなこと普通にあるでしょう？」と思われることも、彼らにとってはその突然に現れた大変な状況は、多くの人が感じるよりも痛々しいものに感じられます。見たものや聞こえた音や身体に触れられる刺激の大きさは、感覚的な過敏さがある人にとっては何倍にも、あるいは何十倍にも感じられるのかもしれません。

さらに、そのような事態が起こったことにより、何か大切なものを失ってしまうことも辛い体験の要素となります。これもまわりの人からすると何ということはないと思われるものかもしれませんが、特定のものに強いこだわりを持っている人にとっては、ずっと大切にしていたものを失くしてしまったり、心から楽しみにしていたイベントなどに参加できなくなってしまったことの影響は、私たちが想像もできないくらいの打撃になるのだと思います。周囲にいる人は、自分にとっては何でもないような事態も、発達障害のある人にとっては、トラウマとも呼べるような大変に辛い体験になるかもしれないということを頭の片隅に置いておくことが非常に大事になると思います。

　また、✎気をつけておきたいのは、そのような辛い体験は「数を重ねれば打たれ強くなって大丈夫になるものだ」と考えがちですが、そんなことはないということです。そのような辛い体験をすることは自信をなくし、自尊心を低下させることになり、日々起こり得るいろんな事態への失敗に対する傷つきやすさを強くしていってしまうという悪循環につながっていきます。

　感覚の過敏さについても同じようなことがいえ、その刺激を繰り返し経験すれば慣れて大丈夫になるだろうという考えは、一部にはあてはまっても、とても危険なものであるといえます。

26 ┃ 感覚が過敏だったり
　　 　鈍麻だったり……

　発達障害のある人には、人それぞれに様々な特性があります。相談に訪れる人の抱える困りごとの中でも、共通して多いものの一つが**感覚の問題**ではないでしょうか。よく耳にする言葉としては感覚過敏がありますが、実は、感覚の鈍麻、つまりいろいろな刺激に気がつきにくいという問題もあったりします。

　感覚過敏の場合は、自分でも強く刺激を感じるので気がつきやすいですし、まわりから見ても、苦しい表情をしていたり、耳をふさいでいたり、その場から逃げ出したりなどとわかりやすいものです。しかし、感覚鈍麻の場合は、当の本人でさえも刺激が入っていることに気がつきにくいので、当然、周囲の人も気づくのが難しいということになります。また、ここに危険性が伴うこともあります。例えば、痛みや高熱などに気がつきにくいことで、怪我や病気がかなりひどくなるまで放っておかれてしまうことがあります。喉の渇きに気がつきにくくて熱中症になってしまったり、かなり熱くなった鉄板に触れていることに気がつかないまま火傷を負ってしまったりなどの危険性も考えられます。他にも様々な危険性が考えられますので、まわりの人はこのような感覚があるかもしれないことを頭の隅に入れておくことが必要です。

　一方、感覚過敏については周囲の人にとっても気がつきやすいわけですが、その実際の大変さについて理解が難しく、対応について知っておくことが大切となります。

　子どもからよく聞く話では、学校で友達から「〇〇くん」と肩を叩

かれて自分が呼ばれる場面があります。叩いた方からすると本当に軽く肩をポンと叩いて呼んだつもりでも、感覚過敏のある叩かれた方からすると「ぶっ叩かれた」とか、人によっては「ぶん殴られた」というような感じで刺激を受け取っていることがあるのです。そのことが原因で言い合いになったり、実際に喧嘩になってしまうこともありますが、これは肩を叩いた子を困らせようとしたり、意地悪をしようとして言っているわけではなく、本当にそのように感じているのです。そのため、先生が間に入ってお互いから一生懸命に話を聞いても、それぞれの言い分は全く違うものになり、噛み合いません。ただ、まわりの子どもがその場面を見ていた場合に、子どもたちの話を聞けば、もちろん叩いた方は特別に強く叩いているようには見えなかったと言うでしょう。ですので、感覚が過敏な子どもの言い分は通らず、結局は先生や親御さんに怒られることになったり、怒られないまでも泣き寝入りということになったりするのです。すると、自分では嘘をついたわけでもなく、自分の感じたままに正直に起こったことや感じたことを話したのに、「誰も自分の話は聞いてくれない」「誰も自分のことはわかってくれない」という感情を抱くことになります。ただでさえ、休み時間のザワザワした音や雰囲気、給食の時間の前後のいろんな匂いが混ざり合い気持ち悪くなる環境に耐えて学校で頑張っているのに、「もう学校なんて行くもんか！」という気持ちになってしまうのもよくわかる気がします。

✎**感覚の問題は、私たちが想像するよりも多くの人が抱える問題です。もう一つ気をつけるべきことは、心身の調子が悪かったりする場合には、その感じ方が通常よりも強くなることがある**ということで、そのことも頭に入れておく必要があります。

27 | 不器用で 同時処理が難しい

　先の感覚過敏や感覚鈍麻などの感覚の問題と同じくらい、相談者の共通の困りごととして多いものが、不器用に関するものです。この不器用の問題は、感覚の問題と密接に関連しているようにも思います。家でも学校での生活でも困る場面が山ほどあるそうです。

　日常生活では、遠くさかのぼれば生まれてすぐ、お母さんのお乳を飲むところから問題が始まっていたりします。その時から、うまくお乳を飲むことができず、またよく乳を吐いていたという話を聞きます。大きくなるにつれて、スプーンをうまく持てなかったり、箸やハサミを上手に使えなかったり、蝶結びが全くできないなどの困りごとも出てきます。そのうち自転車に乗る練習を始めたりしますが、足ではペダルを漕いで、手ではハンドルを握りながら進む方向を調整し、さらにサドルから落ちないように前後左右に体のバランスをとって座っていなければなりません。その他にも、目では標識や車など様々なものを見て、耳でも危険なものを察知し、必要時にはブレーキを握るなどの対応をする必要があります。こんなにもいろんな情報を同時に処理しながら運転をするなど不可能に近いという話を聞きます。

　学校では、国語の時間にノートのマスにおさまるようにひらがなや漢字を書くことを求められます。目と手を実にバランスよく連動させて、字をマスにおさめて書くことはなかなか大変だそうです。ましてや、先生が黒板に書いていく大量の文字を、黒板から手元のノートに大きく視線を移して、記憶を維持したままに、ノートのマスや行におさめるように、しかも黒板の文字が消される前に、スピード感をもっ

て書いていくことはまさに至難の業ということになります。

　体育の時間では、縄跳びをしたりします。縄をただ手で回すことはできるし、単純にジャンプをすることはできるけれども、縄を回しながら、その縄に引っかからないように、絶妙なタイミングでジャンプするとなるとできなくなってしまいます。これがもっと複雑な野球やドッヂボールなどではまさに地獄のようであり、体育の時間は休みたくなること、休み時間には校庭に出て体を使った遊びを避け、教室で本を読んでいたいという気持ちになることはよくわかる気がします。

　大人になっても、自動車の運転は目や手や足などの同時並行処理の連続ですし、仕事上、様々な仕事道具を扱うこともあります。それらを器用に使うことがなかなか難しく、さらに、それらの道具を不器用なことから何度も落としてしまうことで叱責を受け、自信をなくしてしまうことも起こり得ます。

　この不器用の問題は、日々の生活全般にかかわってきます。指先が不器用で細かいものをつかみにくいということであれば、指先に滑りにくい指サックのようなものをつければつかみやすくなるかもしれません。また、同時に行わなければいけないものの中で、滑りにくいものをお尻に敷くことで姿勢保持の処理をカットすることができるならば、それだけでも負担は軽減されるかもしれません。その人その人に応じて、不器用や同時処理を助けるグッズを使うことは有効な方法の一つになります。

第 3 章

本人への支援や
かかわりのキホン

28 なるべく具体的に 伝えよう

　想像することの苦手さとも関係しますが、普段私たちの使っている日本語はよくよく考えてみると、発達障害のある人にとってなかなかわかりにくいという話になります。

　普段は何気なく使っている日本語ですが、主語や目的語などがしょっちゅう省略され、「これ、それ、あれ、どれ」などの代名詞が多く使われます。発達障害のある人の中には、主語や目的語などを全く省略することなく、文法的にとても正確な日本語を話す人がいて、話をしていても「少しかたいなあ」などと思わされることがあります。しかし、彼らにとっては、そのスタイルが非常にわかりやすいということで、とても偏差値の高い大学を出ている人であっても、主語や目的語などが度々抜け落ちる日本語は大変わかりにくいものだそうです。これも多くの人から聞く話ですが、英語のように基本的に主語と動詞がはじめに来て、その時点で文章の大筋がわかる言語は大変わかりやすいそうです。ですので、まわりの私たちは、なるべく主語や目的語などは省略しないで彼らに話しかけることを心がけるのが重要です。また、「あれ取って」などと代名詞を使う時にも、意識的にもう少し言葉を加えて、「あの帽子を取って」または「あの机の上の黒い帽子を取って」などとすると、少しわかりやすくなるのだと思います。

　また、私たちが普段使っている言葉は、かなりあいまいなものが多いことに気づかされます。家庭や学校などでよく使ってしまう、あいまいな指示あるあるとしては、「ちゃんとやりなさい」があります。

この指示では、「何をやったらいいのだろう？」「ちゃんとってどういうこと？」「どれくらい、やったらいいのかな？」「どんなやり方で、やったらいいのかな？」などの疑問ばかりが残ってしまいます。いい加減なことは絶対したくない人は動けませんし、質問の苦手な人が自分なりに一生懸命に考えてやっても間違って怒られることもあるかもしれません。

　また、私も小学校時代には毎日のように先生に怒られていましたが、「廊下を走るんじゃありません！」も具体的ではない指示の代表選手です。確かに、廊下をかなりのスピードで走っていれば、不意に教室から出てきた子とぶつかったりして怪我をさせてしまうこともあるので、「そんな危険な行為を止めさせなければ」と思い、そのように言いたくなる気持ちはとてもよくわかります。そのように言われれば、「廊下を走ってはいけない」ことは言葉通りなので理解できるため、走ることをやめて止まります。しかし、その次に何をすればいいのかの情報がないために、そのままフリーズしてしまう子が出てきてしまいます。さらに、その日の気分や体調などが優れずに調子が悪い時には、そのままパニックになってしまう子どももいるかもしれません。✐**否定形の指示は、行動を止めるインパクトはあるのですが、具体的な情報が足りないことが多いものです。**この場合であれば、「**廊下は、廊下の真ん中に引いてある黄色い線の左側をゆっくりと歩きましょう**」のような伝え方のほうがよいことになります。

29 | 視覚的な手がかりを 大切にする

　私たち人間の**情報入力**は、視覚や聴覚や触覚など様々な感覚器を通して行われています。そして、その約90％を視覚に頼っているといわれています。また、発達障害のある人に、視覚的な刺激にとりわけ強い人がいることはよく知られているところです。

　私たちは人と会話をする時に、当然言語的な情報を中心にやりとりをしているように思っていますが、相手の視線や仕草などの言語以外の情報も大変重要です。また、音声的なやりとりは、ある程度は脳の中に聴覚的な刺激として残るとは思いますが、聞いている最中に何かに気をとられてしまえば情報を聞き逃すことにもなりますし、聞いていたとしても間違った理解をすることもあります。きちんと理解して聞いていたとしても、時間が経つにつれて忘却の彼方に消えていってしまうこともあります。したがって、ただの音声的なやりとりは本当に心もとないものです。

　センターでの面接で、次のようなことを経験しました。私はある子どもと、犬について話をしていたのですが、途中で何か噛み合わないなと感じました。犬の話をしている時に、私は、いろいろな大きさの、いろいろな毛色をした、いろいろな犬種を思い浮かべて話をしていました。しかし、その子は、「おばさん家の、白くて、小さな、頭にリボンをつけたトイプードル」だけを思い浮かべて話をしていたのでした。その後、言葉だけのやりとりではなく、下手ながらも紙に犬の絵を一緒に描きながら話を始めたことで、共通のイメージを持って話を進めることができました。

また、学校での友達とのトラブルの場面などは、言葉だけでのやりとりでは共通理解がなかなか難しいものの一つです。そのような場合は、丸と棒だけで記すような簡単な絵でよいので、紙やホワイトボードなどに、一緒にその時の様子を絵に描きながら話を進めると有効です。途中で認識がずれてしまった場合にも、その場で修正することができます。また、言葉だけのやりとりであれば、さっき言ったことをすっかり忘れてしまい、話の大前提から崩れてしまうこともあるかもしれません。しかし紙の上で共有しながら話を進めていれば、そのようなことも防ぐことができます。

　私たちが、少し手の込んだ複雑な料理や一度も折ったこともない折り紙を、話を聞いただけで作ることを求められたら、どう感じるでしょう。また、料理本や折り紙の本を与えられたとしても、それらの本に写真や挿し絵が全くなく、文章だけで説明されていた場合、果たして「魚介のサフラン煮込み」を上手に作ったり、「孔雀」をちゃんと折ることができるでしょうか。◆文字だけでなく、説明に絵や写真が加わると、かなりわかりやすくなると思います。

　視覚的な刺激に強い彼らにとって、視覚的な手がかりを使いながらコミュニケーションを図ることは大変有効です。

30 | 空間や時間を わかりやすいものにする

　とても頭のよい青年の相談者から次のような話を聞いたことがあります。

　「小さい頃のことを少し思い出してみたのですが、朝食や夕食やおやつなど、それらを食卓で食べることは当たり前であり、それは全く問題ありませんでした。しかし、我が家はあまり大きな家ではなかったこともあるかもしれませんが、自分の学習机はなく、勉強も食卓ですることが普通でした。さらには、テレビゲームなどの遊びも食卓でしていたし、学習とはまた少し違った図工や家庭科などの宿題で、絵を描いたり、ミシンで縫ったりなどのいろんなことを食卓でやっていたのです。当時はあまり意識できていなかったのですが、食卓で食事も勉強も遊びもすることに実は心がザワザワしていたことを思い出しました。今考えてみると、ある種の不安みたいなものを感じていて、本当であれば食卓では食事だけをする、勉強は学習机だけでする、となっていたほうがずっと安心だったんだなと思ったんです」

　やるべきこととそれを行う場所が対応しているほうが安心できる人が多いということは、青年の話を聞く前に、知的障害者施設で働いていた時から肌で感じていました。したがって、知的レベルには関係なく、その場所とやるべきことが1対1で対応していたほうが安心という方が一定程度いて、そのための配慮が必要になります。

　また、私たちでも、今やっていることがいつまで続くのかが全然わからないと不安になると思いますが、彼らはとりわけその傾向が強いことがあります。いわゆる開かずの踏み切りというものがあります

が、「学校に遅刻しそうだ、どうしよう！」とか「時間通りに配送しなくてはいけない荷物を載せているのにどうしよう！」などという時に、少しパニック気味となり、「今なら大丈夫、踏み切りの棒をくぐってしまおう」など、普段なら考えもしないような冷静さを欠いた判断をしたくなることがあるかもしれません。反対にあとどれくらいで信号が青になるかがわかる信号機があると、安心感が得られますし、冷静な判断の材料になったりします。

　そのような横断歩道に限らず、私たちの住む日本では、発達障害があってもなくても、日本語がわかってもわからなくても、街中はわかりやすい工夫で溢れています。電車に乗れば、色分けされた路線図に、駅には番号がふられ、到着までのおおよその時間が示されています。また、もし災害があった場合には「消火器はこっちにある」「非常口はこっちにある」ということが、言葉がわからなくてもわかるような絵などで示されています。

🖊️**家庭や学校でも、この場所はこういうことをする所で、この場所はこういうものをしまう所、この活動はあとどれくらい続いて、これだけの量をやれば活動が終わる、というようなことが伝わる、わかりやすい空間づくりを心がけてみるのもよい**かもしれません。

31 人と行動をきちんと 切り分けて考える

　いわゆる問題行動と呼ばれる行為をする子どもたちを見る際に、「□□のような危ない行動をするなんて困った子だ！」「△△をする○○くんは悪い子だ！」というように自分が考えていたり、まわりの人たちがそのように話しているのを聞いたりすることはないでしょうか。けれども、そのような行動をする子どもは本当に「困った子」や「悪い子」なのでしょうか。

　○○くんは、確かに△△という周囲にとって困った行動をすることは間違いないわけですが、その行動を「してしまう」、もしくは「せざるを得ない」○○くんというのは、○○くんのすべてではなく、○○くんのほんの一部分であるにすぎません。○○くんは、他の場面では年下である妹に対してとてもやさしい側面があったり、日頃忙しくしているお母さんを気遣ってよくお手伝いをしていたり、週末にはお父さんの肩たたきをしてあげるなど、いろんな側面を持っている子どもだったりするのです。それでも人は、△△という一つの行動もしくはいくつかの行動があるだけで、○○くんの全部が悪いというふうに捉えてしまうことが結構あるものです。例えば、「すぐに人を叩いてしまう」という行動は確かによい行動とはいえません。ただ、悪いのは○○くんという人や人格ではなく、人を叩いてしまう行動にあるのです。一部の行動が、人格全体を否定することはあってはいけません。

　また、行動と人を厳密に分けて考えないと**アプローチ**を間違ってしまうこともあります。先の「すぐに人を叩いてしまう」という行動に

ついて考えてみます。その行動の背景を考えてみた時に、普段から寂しい思いをしている子どもの場合、お母さんや先生の気を引きたいために誰かを叩いてわざと怒られるようにしているのかもしれません。そうすれば、怒られるという形であれ、お母さんや先生が注目してくれることになるのです。そのような場合に、「この子は悪い子だ。だから厳しく叱ればなおるだろう」と考えて対応をしたとすれば、それは逆効果となり「すぐに人を叩いてしまう」行動を増やしはしても、減らすことにはまずつながらないでしょう。

　一つの困った行動だけで、その子の全体が悪いと見られている場合に、子どもも「確かに悪いことをした時には怒られても仕方ないな」と思っています。しかし、「悪い子」というまわりの印象が強くなっていたとしても、やさしい気持ちから行動をした時に、「気が向いてのことだろうか、珍しい」とか「何か裏があるのでは」などと少しうがった見方をされたら子どもはどう感じるでしょう。**自分がよいと考えて行動をしても周りはあまり喜ばないし、ともすれば「やっちゃいけなかったのかな」などと誤った学習をして、本来増えていくとよい行動も増えていかないことになります。**また、よいと思って勇気を出してやったかもしれない行動が受け入れられなければ、自ら行動を起こすことの自信もなくしていくのではないでしょうか。

　このタイトルを見て、**「そんなこと当たり前じゃないか！」と思われた人も、よくよく考えてみると、できていないことにハッと気づかされることも多い**ものです。

32 | 同調よりも尊重

　センターでいえば相談者、その他の機関であれば、なんらかのサポートが必要な人が主人公であり、彼らの訴える困りごとなどを、まず第一に考えることはとても大切です。

　相談・支援などのなんらかのサポートをする時の技術として、ラポール（注）を形成するといった「支援を必要とする人」と「支援をする人」との良好な信頼関係を築くことが大事であるとされています。また、支援を必要とする人の気持ちによりそい、共感して支援することも非常に大切であるとされており、そのためにも相談機関やその他の機関では、支援を必要とする人たちを最優先に考えることが必要です。

　ただ、本人の希望だからといって、その訴えをそのまますべて聞き入れて、支援の計画を立てるのは、果たしてよい支援といえるでしょうか。例えば、家族が「24 時間 365 日、子どもをどこかに預けたい」と望んでいた場合に、ただそれを可能にするためだけにサービスを組み立てたならば、それをよい支援であるということができるでしょうか。

　また、「同じクラスの〇〇ちゃんが好きなんだけども、毎週末一緒に映画を観に行きたい」などの訴えは本人の一方的な希望であり、相手もあることなので、そのまま受け入れることは難しいでしょう。さらに、「電車に乗り込むための列に横入りするなんて、そんな人には制裁を加えるべきだ」などの偏った考えにも安易に同調することはできません。

このように、本人や家族が言うことだからと、すべて鵜呑みにして相談を進めることが本当に相談者のためになるかといえば、そんなことはありません。もし、社会通念などに照らし合わせて誤った考えであったとするならば、客観的な根拠などを示しながら訂正をしていくことが必要となります。また、それが正しいか正しくないかは決められないとしても、それが多数派の意見であるか、少数派の意見であるかなどの客観的な事実について情報を提供することは、その後の社会生活を送っていくにあたって必要な知識になるかと思います。

　ですので、本人や家族の訴えることに対してただ単に同調するというのではなく、また逆にただ単に否定をしたり、訂正したりするのでもなく、「そのように考える気持ちは理解できる」などと共感し、尊重をすることが大切だと思います。ただ、先のように、間違っているものについては毅然と間違っていることを伝え、間違っているとは断言できないものであっても、そのような考えが不利益につながる可能性が高いであろうことなどは伝えるべきです。

　彼らの話を聞けば聞くほど、間違ってはいないし、むしろ理論的には正しいのではと思われることは多いです。ただ、その考えが少数派であるので、それを通すことが本人の損になってしまうことが多いのも事実です。◆ただ単に同調するのではなく、その意見や考えを尊重して、よりよい未来につなげていくように一緒に作戦会議をするのが、支援者の大きな役割の一つではないでしょうか。

（注）心理学の用語で、人と人の間で、お互いに信頼し合い、安心して自由に、心の通い合った状態を表す言葉。

33 | わかりやすい選択肢を提示する

　発達障害のある人は、頭の中がよく整理され、理論的に物事を考えていて、正し過ぎるくらいの正しい日本語で、論理的に話をすることが多いと日々の相談の中で感じています。

　ですので、こちらから何かを説明する場合にも、なるべく論理的に、客観的な根拠をもとに説明することに努めています。そのようなことに気をつけて説明することでうまく伝わることが多いですが、精一杯論理的に、客観的に、科学的な根拠などを示しながら説明を尽くしても、うまくいかない場合があります。そのような時に、いろんな根拠をあげて努力して説明するよりも、単純に損得で説明するとうまくいく場合が多くありました。例えば、「あなたの絶対に許せないという気持ちはよくわかるけど、そうすると結局あなたが損することになっちゃいますよね」とか「大変だと思うけど、そこをちょっとだけ我慢できると最終的にあなたが得をしますね」などが一番説明として効いたりします。

　損得での説明が理解しやすいのには、直接的に利害が発生するため、自分事として考えやすいという理由があります。1円でも損することや1秒でも無駄になることなどが本当に無意味だと感じる人は多いです。また、**構造がとてもシンプル**であることも理由としてあるそうです。他でも書きましたが、発達障害のある人には、その時の調子や人の好き嫌いの判断などが、極端に0か100かのどちらかに振れやすい人が多くいます。この損得の話についても、自分は損をするのか、はたまた得をするのかの二つの選択に絞られるので、大変わかり

やすいそうです。誰でも商品アンケートや講演会のアンケートに答えるのに、「大変よい」から「大変わるい」までの5段階くらいの評価でなく、100段階ほどもある評価となれば相当に迷って、なかなか答えられないのではないでしょうか。

　感情の自己理解についても似たような話を聞いたことがあります。ある相談者が「喜怒哀楽って日本語がありますよね。これは人が感じる無限大ともいえる感情を喜び・怒り・哀しみ・楽しみの四つに整理したものだと思うんですけど、自分の場合は位置づけが曖昧である無限大の感情を四つにカテゴライズするのでさえも大変なんです。強引ですが、ポジティブ系の喜びと楽しみ、ネガティブ系の怒りと哀しみの二つくらいに整理できれば楽なんですよね」と話してくれました。

　また、義務教育を終わった後の進学先や就職先を決めるにあたっては、一気に選択肢が増えてきます。その際に、可能性のあるすべての選択肢から最終的に一つに絞り込む過程にも、かなりの困難さが伴うそうです。ですから、まず周囲の家族や支援者が、ある程度自分に合った三つとか五つとかに選択肢を絞ってくれるとありがたいと聞くことも多いです。なので、必要な時には選択肢は可能な限り少なくするように気をつけています。

　その選択肢を提示する時にも、一つコツがあります。それは、その中に一つだけ絶対に選ばないであろう選択肢を入れておくことです。例えば、三つまで選択肢を絞ったとしても、どれも甲乙つけがたい場合には、かなり迷うことになります。そこで、これはあり得ないという選択肢を一つ入れておくと、それがある意味で判断の基準となります。また、迷いながらも判断をしなくてはならない場合に、判断を開始するための起爆剤として後押ししてくれたりもします。

　その人に合った形のわかりやすい選択肢の提示は、自己決定を助け、さらに自分で決断することができたという自信と責任感につながっていきます。

大切なキーワードで伝えてみる

　私たちは、人から何かを説明してもらう時に、自分に馴染みのあることで例えてもらうと理解がしやすかったという経験があるかと思います。私が子どもたちとのかかわりで経験した二つの例を紹介します。

　一つは、とても車の好きな男の子で、すごく多動性や衝動性の強い、とてもエネルギーに溢れる運動神経のよい少年の話です。この子は学校の廊下を毎日のように走っては、いつも怒られていました。この子の場合は「廊下を走っちゃいけません」でひとまずは廊下を走ることはやめることができて、特にパニックになることはありません。しかし、またしばらくすると廊下を走ってしまい、怒られるということとを繰り返していました。そのことについて本人と話していた時に、よく考えれば速く走ることで歩行者や他の車に危険を与え、自分の危険性も高める車と同じだから、まさに「スピード違反だね」という話になりました。「スピード違反はいけないことだ」と小さい頃から理解していたので、すっと心と頭に入ったそうです。そして、すぐに廊下を走ることがゼロになったわけではありませんが、かなり改善がみられました。実は廊下を走る以外にも、授業中に出し抜けに答えてしまう、休み時間が終わってもなかなか教室に帰ってこない、などの気になる行動が他にもあったのですが、厳密にいえばスピードとは関係ないような気になる行動についても「スピード違反」というキーワードを使うことで改善されるといった副産物もありました。

　もう一つは、反対にとてもおとなしくて真面目で感覚に過敏さのあ

る男の子の話です。その子は、毎日頑張ってはいるのですが、どうしても午後の授業まで学校にいることができないでいました。体力的に少し自信がないとか、給食の時間の教室の匂いが苦手であるなどのいくつかの原因が考えられたので、その一つひとつにアプローチしていくことを考え、支援に取り組みました。ただ、それよりも何よりも、大好きな電車というキーワードが成功に導いた大きな要因だったと後で本人が話をしてくれました。

　この子の場合は、時間割を電車の路線図に例えて、1時間目を「1時間目駅」、2時間目を「2時間目駅」として、「6時間目駅」までの路線図とすることにしました。この子は、電車の遅延やトラブルにより急行電車などが各駅停車に変更されること、ましてや運転見合わせなどは大嫌いでしたので、ダイヤを頑張って守り、終点の6時間目駅まで学校にいることができるようになりました。はじめは、正直ヘロヘロだったそうですが、段々とそれにも慣れてきて、そのうちに大丈夫になったそうです。

　このように、✐**その人にとって大切にしているもの、大切なキーワードで伝えてみる、例えてみることで改善や成功に近づくことを教えてもらいました。**

35 | 会話の「キャッチボール」でなく 「ドッヂボール」になってしまう

　これも相談の中で、何人かの相談者と話題になった話です。

　人と人が会話をする時の例えとして、よく出てくるものにキャッチボールがあります。またまた、野球の話になって恐縮ですが、キャッチボールは野球を始める時に習う基本中の基本の練習の一つです。その後も練習を続けていけば野球はどんどんうまくなっていきますが、例えばプロ野球選手になるくらいに上手になっても、試合や練習の時には必ず毎回するのがキャッチボールです。

　キャッチボールとは、選手同士がボールを投げたり捕ったりしながら、ボールのやりとりをすることです。まずは、指導者や先輩などの野球が上手な人と２人で、キャッチボールの練習を始めることが多いかと思います。キャッチボールはボールの双方向のやりとりであって、どちらともが初心者ではなかなか成立せず、上達に時間がかかります。そこで習うことは、相手が捕りやすいように相手の胸の前に投げることです。相手の背よりもずっと高いところにボールを投げてしまえば、手が届かなくて捕れません。また、相手の位置まで届かないようなボールを投げたとすると、地面の小石やくぼみにあたってしまって思わぬ方向にボールが跳ね、相手が捕りにくくなったりします。ですので、一番自然に両手でがっちり捕ることができる胸の前に投げることを教わるのです。ボールを捕る側は、卵を優しくキャッチするような柔らかい手や全身の動きで受け止め、次のプレイにスムーズに移れるようにすることなどを習います。

　会話のキャッチボールも同様に、はじめは周囲の大人に配慮しても

らいながら1対1で学んでいくことが多いと思います。そして、少しずつ相手の取りやすい会話のボールを投げたり、投げられた会話のボールを柔らかく受け止められるようになっていきます。

　このようにして会話のキャッチボールをする技術を頑張って身につけたものの、会話のキャッチボールを続けているうちに、気がつくと会話がドッヂボールのようになってしまうという悩みを持つ人たちがいます。相手は別に意地悪とかでやっているのではないと思いますが、こちらが投げたボールの意図とは違った思いがけない捕りにくいボールが投げ返されたり、会話にメリハリをつけたり冗談で笑わせるなどの変化球をあえて相手が投げてくることも時にはあるものです。そんな時には、想定外のことが起きたことで冷静さを失ったり、軽いパニックのような状態になってしまうことがあるそうです。すると、相手の捕りやすいボールではなく、相手の足元を狙うような捕ることが難しいボールや、胸に投げるにしても超剛速球の攻撃的なボールを気がつくと投げてしまい、当初キャッチボールだったものが、いつの間にかドッヂボールみたいになってしまうそうです。

　反対に、想定外のボールを何とか捕ったものの、どうやって投げ返してよいものかわからずにそこでキャッチボールが終わってしまったり、そもそも変化球を受け止めることができなくてキャッチボールが続かないことも多いそうです。

　このように、◆はじめからドッヂボールを始めるつもりやキャッチボールを中断するつもりはお互いになかったわけですが、想定外のボールが放られることなどにより、このようなことが起こってしまう可能性があることは頭に入れておいてもよいかもしれません。

36 | 本人の自己決定がとても大切

　人が生きていくにあたって、自分の人生を、自分で選んで生活していくことは現代では当たり前のことです。しかし、生まれたばかりの赤ちゃんは自分で物事を決めていくことはできません。その後も、少しずつ自己決定の機会が増えていくわけですが、大人になってもすべて自己決定していくことはやはり難しいものです。

　それぞれのライフステージにおいて、その人に合わせた形で選択肢を工夫するなどして、自己決定を支援することがとても大切になります。日々、相談をしている中で、とりわけ自己決定が大切だと思わされるのが、中学校卒業時の進路選択の時期です。大人である家族や支援者からすれば、中学生はまだまだ子どもであると思えることもしばしばあります。そこで大人の側が、冷静に、客観的に、よかれと思って、進学先を決めてしまうこともあるかもしれません。しかし、義務教育を終え、それまでよりも開けた世界に出ていくことを間近に控える子どもたちが、自分で自分の進路を決めるということは本当に大切なのです。

　周囲の大人が思うとおりに、本人も満足する形で卒業後の生活が送れればよいのですが、世の中はそのように順風満帆に進むことばかりではありません。どの進路を選択したとしても必ず苦労はあるものですが、本人の言い分をあまり聞かずに周囲が進路を決めてしまった場合に、子どもたちから次のような話をよく聞きます。それは、「親が自分のためだと考えてくれて、この学校を勧めてくれたのはわかるんだけど、うまくいかないとどうしても親のせいにしたくなってしま

う」ということです。しかし、進学した学校で同じように苦労はしていても、自分でその選択をした子どもの場合には、「授業やテストや人間関係など大変は大変だけど、これは自分で選んだ道なんだから何とか頑張らなきゃ」と話をします。

　自分で物事を決めるなんて当たり前のことだし、そんなこといつもさせているという方がほとんどではないかと思います。しかし、私たちは気がつかないうちに選択の機会を奪っているかもしれません。被災者役割という従来からある社会通念があります。これは被災者は弱く、無力であり、支援者は強く力があるので、被災者は欲しかろうと欲しくなかろうと与えられた援助は感謝して喜んで受けるべきで決して苦情を言うべきではない、という間違った考えです。また、患者役割という社会通念もあります。それは、患者は自分が病気であることを受け入れ、できるだけ早くよくなりたいと望んでいる義務があるというもので、これも誤った考えになります。支援者は、支援を必要とする人に対して、このような役割を強いて、自己決定の機会を奪っていることがないか常に頭の片隅においておく必要があります。

　また、感覚の過敏さや運動面での不器用さなどがあると、集団での遊びなどに入る機会が少なくなることがあります。そうすると、集団内での社会的な行動やその判断をする経験も同じように少なくなってしまいます。そして、その経験の少なさから自分で決定をする力が十分に発達せず、それを見かねて周囲が過度に介入をしてしまい、また自己決定の機会が少なくなるという負のスパイラルに入ってしまうこともあります。それが進めば、何か言われたらとりあえず「はい」と言っておくようになってしまう可能性もあり、望まない支援にも「NO」と言えず、無力感や失望感を強くしてしまうかもしれません。

🔸小さい頃から、また気がついた時から、その人にあった選択がしやすい工夫をするなどして、自己決定する力を育ててあげることがとても大切です。

キホン

36

37 | キーパーソンを見つける

　先の「キーワードを活用して伝えてみる」という話と少し似ていますが、その人にとって**影響力**があったり、関係性がよいなどのキーパーソンを見つけて、伝えてもらうとよいこともあるという話です。

　多くの場合は、その人のことを一番よく知っていて、生まれた時から関係性もとれているであろう母親が、何かを伝えるのに効果的なルートなのだと思います。ただ、その役割をすべて母親に任せるのはとても大きな負担になってしまいます。思春期に入って、性的なことを男の子に伝えるとなれば、女性である母親が伝えることが難しいこともありますし、反抗期を迎えたりすれば、母親が伝える役割をになうことで逆に伝わりにくくなるというようなことも出てくるかもしれません。その他、例えば母親の財布からお金を抜いてしまった場合などには直接の利害関係もありますので、母親が伝えるよりも第三者に入ってもらって伝えるほうがよいと思います。そのような時に、誰が伝えれば、本人にとって一番受け止めやすいかということを考えていきます。

　ある人にとっては、母親や父親よりもちょっと遠い親戚としての叔父さんの言うことが一番聞き入れやすいということがあるかもしれませんし、大好きなおばあちゃんに言われると一番心に沁みやすいということもあるかもしれません。

　人によっては、威厳や権力というようなものに弱い側面があり、信じやすい場合も多いです。そのような場合には、担任の先生よりも教頭先生や校長先生などに伝えてもらうほうがいいかもしれません。ま

た、医師や弁護士のような職業の人に伝えてもらうほうがいいことも
あったりします。

　私が相談の中で経験したことでは、ある青年がとある女性シンガー
ソングライターをとっても好きで、その青年にとってかなりの影響力
を持っている、ということがありました。それを知ってから、その青
年のお母さんと協力して情報収集をして、その女性歌手が「整理整頓
の得意な人が好き」だとか「一つのことにひたむきに挑み続けるよう
な人は尊敬できる」などと言っているという情報を本人に伝えると、
スッと理解され、行動が変わっていきました。

　さらに、このキーパーソンはすでに亡くなっている人でもよくて、
歴史上の偉人であるとか、音楽やスポーツ界のスーパースターが「〇
〇のようなことを言っていた」と伝えることで理解が進んだ経験もあ
ります。これはキーパーソンとは少し違って物になってしまいます
が、「有名な科学雑誌や経済雑誌にこんな記事があり、〇〇と書いて
あった」とか「論文に〇〇と書いてあった」ということでも効果があ
るかもしれません。今はインターネットで、このような情報を集める
ことは簡単になってきたので、思ったよりは労力がかかりません。

✐**このように何か重要なことを伝えたい時に、その人にとっての一番
のキーパーソンを探して伝えてみることが有効な時もあります。**

38 | 得意な側面で勝負をする ～Think ability, not disability～

　発達障害のある人の中でも学習障害のある人の場合は、全般的な力には問題はないのですが、ある一部分の「読むこと」や「書くこと」や「計算すること」などについてのみ困難さがあります。一方、その他の発達障害のある人については、全般的に得意な面と不得意な面にバラつきがあり、またその差が非常に大きいことが多いです。

　学校では、算数や国語などの学習はとても得意であっても、体育の授業でのいろんな運動や音楽の授業でリコーダーを吹くことがとても苦手であったり、家庭科や図工の授業などでの制作がうまくできなかったり、時間内に終わらないなどの苦手さがあったりします。学校以外でも、パソコンや鉄道などに関しては大人顔負けどころか専門家も驚くほどの知識を持っていても、あいさつがほとんどできなかったり、自分だけで身支度することができないなどの苦手さが際立っているということがあったりします。

　相談者から「勘違いされて困る」とよく聞くことですが、発達障害のある人の全員が天才的な能力を持っているということはありません。本やメディアに取り上げられる人たちは、ほんの一握りの特別な人たちです。ただ、得意と不得意の差が大きく、能力の凸凹が顕著である人が多いことはあると思います。私たちも、多かれ少なかれ、得意と不得意な面を持っていると思いますが、私たちのそれよりはずっと程度が強いことが多いです。

　私たちも、不得意なことをやり続けることは大変辛いもので、反対に得意なことをする時には難なく行うことができます。彼らは、その

傾向がとりわけ強いのです。得意なことについては何の努力をしなくても続けることができるし、気がつくと人よりもずっとよくできていて、その面では褒められることが多くなります。一方、不得意な面については、一生懸命に努力をしても一向にうまくならないことも多くなります。また、周りの人に合わせるために、人の2倍、3倍の時間や労力をかけて日々の生活を送っており、ひどく疲れている人もいます。

　まわり人からすると、「○○はあんなにできるのに、△△はあれだけしかできないなんて、きっと不真面目にやっているからだろう」と見られるかもしれません。本人からしても、「この部分は何にも頑張らなくてもできるのに、何でこの部分はいくら頑張ってもできないのだろう」となります。本人もまわりも得意と不得意のどちらに基準を合わせて見ていけばいいのかがわからなくなり、混乱してしまいます。

　私たちも苦手な部分については、かなり頑張れば少しは伸びるかもしれませんが、努力の量に比較するとそれに見合っただけは伸びないのではないでしょうか。一方、得意なことについては、少しの努力や時間で大きく能力を伸ばすことができたり、大きな成果を出すことができます。しつこいようですが、彼らの場合はその傾向がとりわけ強いのです。

🔸基本的な考え方として、苦手な面については人やグッズなどにサポートをしてもらう、または可能であれば免除をしてもらうことがよいと思います。そして、得意な側面で、学校や習い事や職場で勝負していくことがその人の自尊心を高め、みんなが得意な面を活かしあって、豊かな社会をつくっていけるのだと思います。「Think ability, not disability」はセンターの「モットー」としているものの一つです。「できないことではなく、できることに注目する」のはとても大切なことなのです。

39 | 階段状の成長曲線を 共通理解する

　私たちはこの世に生を受けてから、日々成長を続けて大人になって いきます。現在では日本人の平均寿命は男性も女性も80歳を超えて おり、生涯発達していく部分があると考えられています。

　人の成長も細かく見ていくといろいろなものがあって、生まれてか ら比較的短期間の間にグッと成長をして、ほぼ大人と同じレベルまで 成長するものもあれば、思春期頃に一気に成長するもの、緩やかに少 しずつ成長するものなど、様々です。一般的には、それらを平均的に まとめたものを成長曲線と呼んでいて、多少の波はあれども、少しず つ、右肩上がりに、ほぼ直線的に成長していくのが多数派だと思いま す。ただ、私がセンターで出会ってきた多くの人のことを考えると、 発達障害のある人の成長曲線は少し違った形を描くのではないかと感 じています。

　発達障害のある人たちは、何かコツをつかむとグーっと通常よりも 大きく成長するように思います。ただ、その人にあったコツがなかな か手に入れづらく、しばらく成長が見られずに、成長が止まってし まったかのように見える時期が長いことがあります。

　すると、本人としては、まわりの人は順調に何かを身につけて成長 していくのに、自分はなかなか成長せず、何か置いてきぼりにされた ような感覚を覚えることもあるのではないでしょうか。

　また、その子を育てている親御さんにとっては、この子はまわりの 子に比べて成長が遅いのではないかと不安になったり、ひどく悩んだ りすることがあるかもしれません。さらに、一生懸命に指導や支援に

あたっている熱心な人も、本人はとても頑張っているし、親御さんも同じく頑張っているし、支援者としての自分も精一杯に努力をしているけれども、なかなか成長をさせてあげられないと悩んだりするかもしれません。

しかし、いわゆる定型発達の子どもたちのように、年齢に伴って、ほぼ直線的な右肩上がりの成長をするのではなく、コツをつかめばグーンと一気に伸びるが、そのコツをつかむまでに少し時間がかかる階段状の成長曲線を描く傾向があることを、本人も家族も支援者も共通で理解していたならばどうでしょう。

本人は、まわりと比較して「どうして自分はこんなにうまくいかないんだろう」と自信をなくすこともなくなるでしょうし、親御さんにとっても「この子の成長が遅いのは、自分のかかわりがダメなせいかしら」などと自信をなくすことも防いでくれるでしょう。また、この本を読んでくださっている方の中にも、「自分の技量が足りないから、この子を伸ばしてあげられないのでは」との悩みが少し軽くなった方もいるのではないでしょうか。

🖊人はそれぞれに顔も違えば、性格も違っていて、成長のスタイルがそれぞれであることは当たり前のことです。発達障害のある人の中には、階段状の成長曲線を描きながら成長する人がいることを覚えておくとよいかと思いますし、そのことを必要に応じて本人や親御さんに伝えてあげるのもよいでしょう。

　ここでの話は、それぞれの機関の機能や役割によって変わってくることになります。

　サポートを必要とする人と個別にかかわることとグループでのかかわりが両方できる機関の場合は、自分の機関の中で行うことができます。ただ、個別でのかかわりしかできない機関もあるかと思いますし、それとは反対に集団でのかかわりしかできない機関もあるかもしれません。しかし、それらの機関同士が連携をすることで、個別でのかかわりと集団での関わりの相互作用を活かしたかかわりができます。

　まず、個別にかかわることのよいところは何でしょうか。いろんなことが考えられると思いますが、その人だけのために時間や空間を確保して、重点的にかかわることができることが何といっても最大のメリットだと思います。人はそれぞれに違いがあり、一人として全く同じ人はいません。親子であっても、きょうだいであっても、それぞれに違う個性を持っているのです。ですから、その人の希望を聞きながら、一緒に本当のニーズを模索して、それを解決するための作戦を一緒に考え、協働して問題解決を図っていくことが大切です。ただ、その課題とされるものは、自身の心なり体なりに働きかけるだけで解決するものと、自分の外にある他の人や環境が大きくかかわっているものがあります。人間である限りは集団の中で過ごさなくてはいけないことも多く、その中でうまく立ち回る術も身につけていかなくてはなりません。

学校は、多くの先生がとても多忙で、個別で指導する時間を見つけることが難しいこともあるかもしれませんが、個別と集団でのかかわりが両方できる代表的な機関であると思います。例えば、授業中に落ち着いて座っていることが難しい、友達にストレートな物言いをしてトラブルになってしまうなどの行動上の課題があったとします。放課後や休み時間に、先生とその子どもで課題についての作戦会議をし、「どうしてそうなってしまったのか」という原因や「このようにしてみたらどうだろう」という作戦を立て、できればリハーサルも行ってみます。その個別での作戦会議で練習したことを、先生という味方に見守られながら、集団の中で実行してみるのです。そこでもしうまくいかなかったとしても、先生がその状況を客観的に見てくれていて、それをもとに改めて作戦会議をすることができます。そして、うまくいった時には、課題を達成することができたという自信につながりますし、一緒に見届けてくれた先生と成功を喜び合うことができます。

　もし、機能的に個別か集団かでのかかわりしかできない場合でも、それぞれが連携をすることで、同じような効果を得ることができます。その際には、一人の支援者や一つの機関で行うよりも手間や労力はかかるかもしれませんが、作戦会議をするにあたって、いろんな知恵が得られるというメリットがあります。成功をした場合にも、より多くの人で成功を分かち合うことができ、本人にとってもより強固な自信につながるのではないでしょうか。

　　個別での実践を集団で試してみる。その個人での実践を、別の個人にモデルとしてそのまま提案したり、応用させて実践を重ねていく。それを多くの人と連携して共有し、さらに好事例を増やしていくというよいスパイラルが生まれることは、その地域や地域を越えた支援力を高めることにつながっていきます。

休み時間の方に
注目してみる

　物事には、すぐに目につく表の部分とあまり目にはとまらず目立たない裏の部分があり、私たちはその表の部分に注目をしがちです。野球で例えると、目立つ部分が各回の両チームの攻撃や守りで、目立たない部分がその間の攻守交替の時間になるかと思います。舞台でいえば、開演中の華やかに踊ったり歌ったりしている時間が表で、開演前の準備や幕間の時間が裏にあたるかと思います。

　子どもたちは学校で多くの時間を過ごします。学校の場面でいえば、過ごす時間の比率からしても、**表の部分**が授業中であり、**裏の部分**が休み時間になるかと思います。そこで私たちは、授業中にちゃんと席に座っていることができるか、集中して授業を受けることができるかなどに注目をすることが多いのではないでしょうか。

　ただ、発達障害のある子どもにとっては、学校にただ「いる」ということも大変であり、休み時間をいかに過ごすかが大きな問題であったりもするのです。休み時間は授業中とは違って、何をすべきかの指示は、ほとんどの場合ありません。もちろん、次の体育の時間のために着がえをする、特別教室に移動するなどやることが決まっていることもあります。ただ、それは稀なことであって、たいていの場合は「休み時間＝自由時間」となります。その自由に何でもしてよい時間に困ってしまう子どもも多いので、事前にやることを決めておくことが大切となります。

　また、授業中は多少の私語はあったとしても、クラスの全員が一気に話し始めることは、それほど多くはありません。しかし、休み時間

はみんなが授業中の緊張感から解放され、一気にエネルギーを発散させて、話をしたり、走り始めたりと、ある意味でカオスの時間になります。その強くて、ごちゃまぜの聴覚的刺激がとても辛かったり、ガチャガチャした雰囲気が苦手である子どもも多くいます。休み時間になれば耳栓やイヤーマフをするとか、静かな図書室に行くなどを決めておくと安心できたりします。

　そんな休み時間は全部なくして、朝からずっとぶっ続けで授業を受け、そのなくなった休み時間の分だけ早く帰って、好きな本を読んだり、ゲームをしたいのが正直な気持ちだと話す子どもに何人も出会いました。

　職場の場合でも、就業時間中にいかに集中して、効率よく仕事をすることができるかなどにどうしても視点がいきます。しかし、私たちは普段あまり意識していないのですが、休憩時間をどのように過ごすかが、本来業務をちゃんと遂行するため、また職場での人間関係を良好に保つためにも大事なことがあります。

　例えば、会社の休憩室にテレビが置いてある時に、断りもなく勝手にチャンネルをどんどん変えたりすれば、他の社員は気分を害することは当たり前なのですが、それを誰もあえて教えてくれはしません。他にも、会社に共用の冷蔵庫があった場合に、暗黙の了解で飲み物などの置く位置や広さが立場によって決まっていることがあります。しかしそれもあえて誰かが教えてくれることがないと、ど真ん中にある物をどけて堂々と置いてしまい、関係を悪くすることもあるでしょう。それらに対する作戦会議ややることを決めておくことは安定した就労継続のために重要な事柄であったりします。

✐なかなか目立つことのない休み時間ですが、問題の原因や解決の糸口が見つかることも多いので、休み時間の方に注目してみることが有効であることは少なくありません。

42 | 登校や就労を支える報酬が どのようであるか考える

　先に、学校生活や就労生活を支えるために、学校での休み時間や職場での休憩時間に注目してみることが大事であるという話をしました。それと少し似ているかもしれませんが、それらの生活を支える直接見えにくいものとして、何らかの報酬があることが大切という話になります。

　私が「何のために働いているのか？」と人に聞かれたら「家族を養うために生活費を稼がなくてはならないから」とか「仕事を通じて様々な経験をすることで自己実現を図りたい」というふうに答えるでしょう。ただ、いつもそんなことを考えているわけではなく、自分でもよそ行きの答えだなと感じます。現実的に言えば、「全ての仕事は終わらないが、ひどく気にならない程度に仕事を終わらせて帰って、毎日の晩酌を楽しむために働いています」というのが意識できていることではないでしょうか。本来的には、学校での学習や友達との交流そのものが楽しかったり、仕事そのものにやりがいを感じるなどして、続けられることが一番だと思います。このように自分の内面の動きから行動を起こして継続することを、専門的な言葉では、「**内発的動機付け**」と呼びます。

　ただ、世の中はそんな簡単にできてはおらず、何らかの好きなものや楽しいことなどに支えられることにより、様々な行動を継続できることが多いのではないでしょうか。少なくとも、簡単に自分で意識することができるレベルではそのようなことがほとんどだと思います。そのような報酬や反対に罰などの外部からの要因で、行動を起こした

り継続することを「**外発的動機付け**」と呼びます。

　学校生活も職業生活も、前者のように何の報酬がなくても、楽しく、やりがいがあることで続けられればよいと思います。しかし、今はそのように感じている人でも、クラスが変わったり、上司が代わったりして、「行きたくないなあ」とか「やりたくないなあ」と感じることもあると思います。

　ただ、発達障害のある人の中には、何の報酬がなくても、安定して真面目に社会生活を送っている人が多いと感じています。ある人は、「何で普通の人は、1年とはいわずとも、たかが1か月、1日でさえも、安定して、集中して仕事に取り組まないのだ！」と憤っていました。それに対して、「普通の人は、1日でいえば休憩時間、1か月でいえば月の給料、1年でいえばボーナスのような報酬がないとモチベーションが保てないので、それぞれ定期的な報酬が用意されているのではないでしょうか」と伝えると納得してくれました。

　発達障害のある人の中には、趣味が全くなかったり、お金に全然関心がなかったり、3次元の異性には全く興味がないなどの人が少なくないと感じています。それで学校生活や職業生活が安定していればよいのですが、うまくいかないこともあります。大切な趣味があれば、その趣味を続けるために仕事を頑張るということもありだと思いますし、異性にもてたいから身だしなみに気をつかうということもありだと思うのですが、そのような動機付けがなかなか難しい人もいたりします。その人に合った趣味につながるであろう体験を小さい頃からさせてあげたり、家でお手伝いをすることによってお小遣いやその他の報酬が入るという体験をさせてあげることがとても重要だと思います。

43 | 薬の服用も考えてみる

　薬を使うことについては、実際に困っている人、あるいは支援をする側の人それぞれにいろんな考え方があると思います。ここでの話は、私が日々の相談の中で、相談者から聞いたことから考えさせられたことです。

　発達障害があるとかないとかに関係なく、生活上で困ったことがあれば、まず最初に考えるべきことは環境調整などの工夫です。それには、他のページでも触れたように、教室での席の配置を考えるとか、光や音などの刺激が強く入ってこないようにグッズを使って刺激を軽減するなどの**物理的な環境調整**があるかと思います。

　また、クラスやグループのメンバー同士の相性などを考慮して、**人的な環境調整**をすることもあるかと思いますし、運動をいっぱいすることによってあり余るエネルギーを発散し、必要な時に落ち着いて過ごすことができるようにするなどの**身体的な環境調整**をすることもあるかもしれません。その他にも、いろんな形での環境調整の方法が考えられます。

　しかし、考えられる工夫をすべて試し、あらゆる努力をしたとしても、どうしても困りごとが解消しないこともあります。例えば、冷静な時には、その行動をしてはいけないとわかっているけれども、いったん冷静さを失うとその行動を自分ではどうしても止められないということもあるのではないでしょうか。また、重要な指示を聞き逃さないように集中しておく必要がある場面でも、どうしても注意が他にそれてしまうこともあると思います。それらのように、自分も困るので

すが、他人にも迷惑をかけてしまうなどの場合に、ひどく自信をなくしたりします。そんな時には、薬を服用することも選択肢の一つに入れてよいのではないかと思います。

　もちろん、薬の服用には、眠気が出たり食欲が落ちるなどの副作用があることもありますし、しばらく飲み続けても効果がみられないこともあります。また、本人や家族が「薬に頼るなんて絶対に嫌だ」と思っている場合もあるでしょう。

　安易に薬に頼るということではなく、そのままだと達成までの道のりが遠い場合に、成功を体験することを助けることもあります。例えば、注意がどんどん移ろってしまって、本来やるべきことを完遂することが難しい場合に、薬の服用によって最後までやり遂げることができるのであれば、それも一つの方法だと思います。

　また、薬の助けがないとケアレスミスを繰り返し、叱責されることが増えるような場合には、自信の喪失を予防するための方法の一つになるかもしれません。

　これまで自分なりに精一杯頑張ってきたんだけど、どうしても失敗が減らせないと話していた子どもや大人から、「はじめは薬なんて絶対に飲みたくなかったけど、飲んでみたら取り組みやすくなって、自分でもできることがわかって、やれるためのヒントをもらえた気がするんだよ」「失敗が減ってきて、それで自信が少し出てきて、自分が嫌いにならなくなりそうな気がするんだ」「これまではすぐに怒ってしまうことが多かったけど、怒りの沸点が下がったように思う」などのような話を聞いたりします。

　それらは、全体からするとほんの一部の声かもしれません。ただ、一部の人であっても、◆薬の服用によって成功への助けになったり、自信を回復したりなどにつながるのであれば、第一選択肢とはならなくても、二つ目以降の選択肢の一つとして考えてもよいのかもしれません。

第 **4** 章

家族支援、関係機関 との連携のキホン

44 | 家庭での 良好な関係は大事

　「何をそんな当たり前のことを言うのか」とお叱りの声が聞こえてきそうですが、とても重要なことなのです。

　ほとんどの人は、生まれてくると、まずは母親に抱っこをされて、お乳を飲ませてもらって満足して、また抱っこをしてもらって安心して寝るというようなことを繰り返します。その中で、母親と安心な関係を築き、その安全な環境の中で様々なことを学んでいきます。

　父親については、母親との関係づくりと比べると少し苦労するかもしれませんが、母親という安心安全な心身の環境を基地にして、父親とも安心な関係を築いていきます。きょうだいや祖父母などもいれば、さらに関係づくりをしていくことになります。このように、母親という**安心な基地**を礎として、家庭を安心な基地としていきます。

　子どもたちは成長に伴い、保育園や幼稚園などの子どもが集まる社会に出ていくことになります。この時に、家庭の中で母親との関係を軸に他の家族との関係づくりをしていったように、家庭での安心感を軸に園の中での関係づくりをします。家庭での安心が保証されていれば、外で少々辛いことがあっても、家族が話を聞いてくれたり、慰めてくれたり、また「よくがんばったね」と褒めてくれることによって我慢がきくものです。その先の人生でも、成長段階に応じて勉強や人間関係などさらに難しいことに直面しますが、園の時と同様に家庭での安心感がそれらの困難を支えてくれます。例えば、大学生になって一人暮らしを始めたり、就職をして寮に入るなどして物理的には家で一人になっても、心理的には家族との安心な関係があることが大きな

後押しになり、大変な局面も切り抜けることができます。

　したがって、その安心感がなければ園や学校や習い事、大きくなってからも就職など、あらゆる場面に出ていくのに、安心してチャレンジができないことがあります。ただ、安心して外に出ることが難しい人たちの家庭が、関係性が悪かったり、安心できない環境であるということではありません。家庭がとても温かく、安心な環境であっても、感覚的に過敏さがあり外が辛いであるとか、記憶力がすごくよいために過去の辛かったできごとが頭に蘇るかもしれない不安で外に出るのが辛いということもあるかもしれません。

　さらに、家族の関係が安心で、家の環境がとても安全に感じられることによって、外とのギャップから家庭外の環境に困難を感じることもあったりします。すると、**本人も家族も大変辛い思いをしますが、そんな時こそ家族のみんなが自信を持ってもらえればと思います。それぞれの家庭では、おいしい料理を作ったり、心地よい音楽を流したり、リビングを笑いで満たしたりして、得意な部分をもっと活かしていってほしい**と思います。今はまだ安心して外に出る準備に時間がかかっているだけで、この先準備が整えば出ていけるようになるのだと思います。

45 | ただ「様子をみましょう」は いけません！

　相談機関には日々いろんな人が相談に訪れて、本当にいろんなお話を聞くことができます。それらの話の中では、相談やその他の支援を受けるために様々な機関に通っていた人も多くいます。そこでよく聞くのは、それらの「以前に通っていた機関では、特に診断をされるのでもなく、詳しく状態像を伝えてくれるのでもなく、具体的な対応方法を教えてくれるのでもなく、どうしたものか困ってしまって、それでここに相談を申し込みました」というような話です。

　確かに、いわゆるグレーゾーンといわれるような白なのか黒なのか何ともハッキリしない、どちらとも考えられる状態像の子どもや大人が相当数いるのは事実です。それは、日々の相談の中で、私たちも肌感覚として、とてもよくわかります。ただ、相談者が先のように訴えたい気持ちもよくわかりますので、実際には、困っている側の気持ちを大事に考えていくことは非常に重要です。

　うちのセンターでは、新人のスタッフや異動をしてきたスタッフへのガイダンスの時に、ただ単に「様子をみましょう」とはなるべく言わないように伝えています。そして、可能な限り、次の予約をとるように伝えています。それはすべての人に月に1回とか2か月に1回は会いなさいということではありません。もし、次の予約日時を決めることができないときにも、「だいたい次は、長期休みの時に会いましょうか」とか「だいたい1年後くらいまでの間には会うようにしましょうか」などの目安を伝えるようにしています。それがないと、冒頭の話のように、果たしてどうしてよいものかと困ってしまったり

しますし、予約の電話をなかなかかけにくくなるということを教えて
もらったこともあるからです。

　また、期間の目安を決めることはとても重要ですが、それだけでは
不十分なこともあります。その間の気になる行動、例えば離席の様子
が「現在の１日に〇回から△回に減る」など、どのように変化する
かの具体的な観察の基準を共有しておくことも大事になります。さら
に、「１日に１〜２回だったものが、毎時間の授業でみられる」ように
なれば、期間の目安の途中でも連絡をしても大丈夫であることを伝え
ることも重要になるかと思います。

　相談機関に訪れたり、様々な支援機関に通ったりすることは、本人
や家族、また支援者にとって、時間的なコストがかかっています。人
によっては、１か月に１回だったり、半年に１回だったりと頻度も長
さも違う支援のための時間かもしれませんが、その１回の面談時
間や支援時間はそれぞれの非常に大切な時間です。また、その面談と
面談の間の、１か月間や６か月間という時間もまた非常に大切な時間
です。みんなにとっての大切な時間を効果的なものとするために、そ
の間の時間を豊かにするような一つひとつの面談時のかかわりを強く
意識したいものです。

46 | いったん相談を終える

　相談機関でいえば、いったん「相談を終える」ということになりますが、機関によっては「療育を終える」とか「指導を終える」ということになるかと思います。

　相談の場合では、申し込みがあり、初回の相談で出会い、本人や家族や支援者が一緒に問題の解決を目指していくことになります。そして、当初の困りごとが全て解決して、これ以上相談を続ける必要がなくなることを「終結」と呼んだりしています。

　しかし、センターが開所して以来、そのような完全な意味での終結をみることは、ほとんどないのが現状です。発達障害者支援センターは全国の都道府県や政令指定都市に設置されており、それぞれのセンターが地域の実情に合わせた形で事業を行っています。父親の仕事の関係やその他の理由で転居をするので他のセンターに紹介するとか、相談の対象となる方が病気などで来所が難しくなるなど以外では、センターとしての終結は多くはありません。

　誰でも人生を送る中で、その時々にあった試練というか生涯発達の課題にぶつかることは当たり前です。発達障害があってもなくても、進級や進学、部活が始まる時期、思春期や反抗期に突入する頃、大学に入り自分で履修を管理したり休講情報を入手し予定の変更に対応する必要があるとき、就活を始めたけれどもバイトや卒論も同時並行で進めなくてはいけない期間など、その時々の困難さに多くの人が出会っていくのだと思います。

　ですので、相談が始まった時に困っていたことが、一緒に作戦会議

を進めることで解決したとしても、しばらくして次のステージに進むことで新たな課題に出会い、そこで相談が再開することがよくあります。そのようなことを想定して、センターでは、完全な意味での「終結」という言葉に対して、当座の困りごとが解決した状態として「一旦終結」という言葉を使ったりしています。

　このように、相談につながった当初の困りごとが、みんなが頑張ったことで解決したとしても、今後新たに困りごとが発生したときに備えて「先輩方との作戦会議の経験からも、○○のようなことで困ることがあるかもしれませんね」「とりあえず、今回は当面の問題解決はできたので次回の面接予約はしないけれども、△△のような時にはいつでも連絡をください」と伝えておくことが重要です。また、担当が異動になることもあるかもしれないが組織としてちゃんと引き継ぎをしておくこと、担当が変わっても基本的な支援は変わらないことを伝えておかなければいけません。さらに、本人に対して「いつでも連絡をください」と伝えた場合に、特に困りごとが再燃しなくても、休みの日や時間外も含めて字義通りに「いつでも」連絡をしてくるようなことがあるかもしれません。このようなことを避けるためにも、連絡が必要な場合をなるべく具体的に伝えるとよいでしょう。

　誰しも、**ライフステージ**ごとの発達の課題に取り組まなくてはならないことがあります。🖊**いったん問題は解決しても、また新たな課題が生まれ得ることを相談者と支援者が共有しておくことは大切であり、その際にはいつでも組織的に協力ができることを伝えておくと、初動を早めることができるでしょう。**

47 | 専門用語は なるべく使わない

　私たちは、子どもや一般の市民である相談者に対しては**専門用語**を使わないで話をするように気をつけているのではないかと思います。しかし、関係機関との連携においては支援者同士での話であると思い、ついつい専門用語を多く使って話をしてしまうのではないでしょうか。

　例えば、「評価すること」について考えてみましょう。一般的には、そのまま「評価」と言ったり、最近では一般の人でも「アセスメント」という言葉を使うことも増えてきているかと思います。分野によっては「評定」「判定」「査定」「鑑定」「品評」「審判」「見定め」などの用語を使うことがあるかもしれません。

　似たような表現として、私たち福祉の分野では「見立て」という言葉を使うことが多くあります。聞いただけでは「見立て」と判別がつきませんが、医療の分野では似たような言葉として「診立て」という言葉を使うことがあります。教育の分野では、それを「見取り」ということがあり、近接の分野であっても、本当に様々な言葉があることに驚かされます。

　そのことを知らなければ、顔を直接に合わせて話をしていても、お互いにちょっとしたニュアンスのズレが生まれたり、もしくは勘違いともいえるような大きなズレが生じて、スムーズな連携を妨げるようなことも考えられます。

　支援者同士であったとしても、分野によっては使用される専門用語には違いがあるかもしれません。やはり、◆効果的な連携のために

は、なるべく専門用語は使わず、誰にでもわかる一般的な言葉や平易な言葉を使っていくことが大事になると思います。

48 「送りたい情報」と「送られたい情報」が違っていることもある

　これは支援者として関係機関と連携する際に、気をつけておくとよいと思われることになります。他のページでも書いていることですが、困っている人を支援するにあたって、自分一人だけで、もしくは自身の所属する機関の機能と役割だけで、その困りごとを解決することは難しいことが多いと思います。そこで、関係機関と連携をしながら支援を進めていくことになりますが、それらの機関はそれぞれ医療や福祉や教育など幅広い分野にまたがっており、多種多様な機関と連携をとっていくことになります。

　まずは、機関同士がお互いのことをよくわかっていないこともあり得る**違う分野における機関間の連携**の話です。ここでは、ある人が就労をするにあたって教育の分野から就労の分野の機関への橋渡しをする連携についての話になります。

　その人は、物事を覚えることが得意で、さらに概念を扱う力も強かったので、小さい頃から学校での勉強がとてもよくできました。その得意な側面を伸ばす方向で関わった先生方の方針は素晴らしいもので、校内の先生方がよいチームワークの中で熱心に教科指導を行い、強みを伸ばすことができました。そのことは、小学校から中学校、また中学校から高校へと丁寧に引き継がれて、順調に進学をしていきました。しかし、勉強は得意でしたが大学への進学は希望せず、高校卒業後は、安心して長く仕事を続けていきたいとの気持ちから、就労支援事業所に通って就職を目指すことになりました。そして、高校の担任から就労支援事業所の担当者への引き継ぎの機会が持たれることに

なり、担任からはこれまで本人がいかに一生懸命に教科学習に取り組んできたかという情報を中心に就労支援の担当者に伝えました。しかし、引き継ぎを受ける側の担当者としては、「どれだけ熱心に勉強に取り組むか」「どのような教科が得意であるか」という情報ではなく、「あいさつはちゃんとできるか」「コミュニケーションの力はどれくらいか」「身だしなみを自分で整えることができるか」「手先の器用さはどれくらいか」などの社会性や基本的な生活能力などの情報の方が欲しかったのです。

　次は、お互いのことがよくわかっていることが多いであろう**同じ分野同士での連携**の話になります。ここでは、中学校から高校へと義務教育の垣根を越えますが、同じ教育の分野でのことです。

　その子どもは、得意なことと不得意なことの差がとても大きく、それが学習面やその他の生活面での様々な困難さにつながっていました。その子の場合は、小学校の通常の学級の担任と通級指導教室の先生と教育センターの先生でとてもよい連携をとりながら、支援にあたっていました。その際に、教育センターで実施した知能検査の結果が支援を考えるのにとても参考になったので、学年が上がる時、小学校から中学校に進学する時などには丁寧に引き継ぎがされていきました。それを、高校進学の時にも参考になるだろうと思って、その知能検査の結果をこれまでと同じように引き継ぎました。しかし、その高校の担任はとても熱心で勉強家の先生でしたが、これまであまり知能検査の結果を目にする機会はなく、その結果を読み込んで、日々の教育に活かすことはできませんでした。

　それらは、その後新たな連携チームを結成することで解決をしていくわけですが、📝機関同士の連携をする際に、「情報を送る側の送りたい情報」と「情報を送られる側の欲しい情報」にズレが生じる場合があることを知っておくとよいと思います。

49 | つながっているようで
つながっていなかった

　ある小学校と中学校との連携において実際にあった出来事ですが、にわかには信じがたい話を聞いたことがあります。

　Aくんが小学校の時、先生方は掛け算の九九をAくんに一生懸命に教えてくれていたそうです。Aくんもとても頑張って九九を勉強していたし、もちろん先生方も、さらには家庭ではお母さんも一生懸命に教えることを頑張ったのですが、なかなか九九の定着をみることはなく、結局のところ卒業するまでに九九を完全に習得することはできませんでした。

　その後、中学への進学をするにあたり、小学校と中学校による連携の機会はありましたが、しっかりとした引き継ぎがなされないままにAくんは中学校に通い始めることになりました。そして、中学校の先生方も引き継がれた指導の資料情報をもとに一生懸命にAくんに九九を教える努力を続け、Aくんも九九を勉強することを続けました。

　しかし、果たしてこれは本当にAくんの発達にとって意味のあることだったのでしょうか。もちろん、中学校にいる時間のすべての時間を九九の勉強にあてていたわけではなく他の教科の学習もしていたとは思いますが、小学校と中学校の間での申し送りがちゃんとなされていれば、Aくんは6〜7年もの長い間、九九の勉強に多くの時間を費やす必要はなかったのではないかと考えます。

　小学校においても、学年が上がるにつれてのアセスメントが、きちんと先生同士で共有され、引き継がれ、また見直されていたならば、

またそれらの情報が中学校にもきちんと引き継がれていたならば、A
くんは九九を覚えることの代わりに電卓などを使用することの練習が
できたり、その他の生活をする上での技術を学ぶことに時間を割くこ
とができたのではないかと思われます。

📝**書類上の形式的な引き継ぎは行われていたかもしれませんが、不十**
分な連携の結果として、Aくんの大切な時間はもちろん、周囲の方々
の大切な時間を無駄にしてしまったかもしれないことは本当に残念で
あったと言わざるを得ません。

50 | 定義の認識が違っている場合もある

　ここではまったく同じ言葉を使って、同じようなイメージを共有しているつもりでいても、実は違ったイメージをお互いに持ちながら連携しているかもしれないという話をします。

　この本に何度も出てきている言葉ですが、例えば、「発達障害」について考えてみましょう。最近では、新聞やテレビやインターネットなどの様々なメディアを通じて発達障害という概念も広がりつつあり、普及啓発が進んできています。

　今日本で発達障害と言えば、発達障害者支援法に規定されている発達障害の定義を指すことがほとんどですが、それまでは視覚障害や聴覚障害や身体障害などのあらゆる障害概念も含んだ「広い意味での発達障害」として発達障害という言葉が使われることも多かったものです。

　2005（平成17）年に発達障害者支援法が施行され、発達障害者支援センターの設置が全国の自治体で進んでいた頃には、いわゆる「広い意味での発達障害」を想定しての相談申し込みや関係機関からの相談者の紹介がまだまだ多くありました。

　今でも、**「学習障害」の定義**がよく認識されておらず、全般的な知的発達の遅れに起因する学習の苦手さやいわゆる怠学による学習の困難さのある子どもたちを学習障害というように考えての相談申し込みや関係機関からの紹介も時折あったりします。

　また、「ひきこもり」などの言葉でも定義の認識の違いが多くあるかもしれません。ひきこもりと言えば、自宅を出ないどころか自分の

部屋にバリケードを築いて家族とも一切接触しないような人だけをひきこもりと考えている支援者もいるのではないでしょうか。しかし、自宅を出るのはもちろん、それほどの対人接触を伴わないような近くのコンビニへ買い物に出かけることができる人も広い意味ではひきこもりということができます。

　その他にも、「不登校」や「合理的配慮」などのような用語についても、同じように定義の認識がそれぞれで違ったままに支援会議などで使われていて、ズレが生じたままに連携をしている可能性も十分あります。よりよい支援を実践するための連携には、支援を考える際のキー概念となるような定義の正しい共通理解が絶対に必要です。そのような共通理解が果たしてできているかどうかについては、連携が開始される時でも、連携を行っている途中でもきちんと確認することがとても大切です。

"ひきこもり"のイメージ

コンビニ

51 | 関係機関等との連携や 支援を制限するもの

　これまで関係機関との連携について書いてきましたが、最後に連携や支援を**制限**する可能性のある事柄をいくつかあげてみたいと思います。

　一つ目は年齢や状態像により支援の根拠法が変わる場合です。

　最近は少なくなってきたように思いますが、ちょっと前までは、子どもが成長して主な支援が医療や福祉から教育などに移ることによって、連携が制限されてしまうということがよくありました。例えば小学校入学によって、それまでの保育園での支援のノウハウがうまく小学校に引き継がれなかったり、18歳になってそれまで児童福祉法に支えられてきたものが、その他の各種支援法に移ることによって、うまく支援が引き継がれなかったことなどがあるので、気をつけたいものです。

　二つ目はフォーマルな資源とインフォーマルな資源間での連携の場合です。

　継続的な支援を考える際に、ご近所さんや支援機関ではないお店などのインフォーマルな資源に支えられていることが多くあります。公的な機関などであれば個人情報の取り扱いや記録の書式などは決まったものがありますが、インフォーマルな資源にはそのようなものはないことがほとんどです。そのことにより資料どころか情報も出せないなどということも起こり、必要な連携が制限されることもあったりします。

　三つ目は身近な地域でなく遠方の機関と連携する場合です。

比較的近くの普段から連携をしている関係機関であれば、顔の見える関係があり、もちろん連携もとりやすいのですが、連携先が遠方であることによって直接会っての支援会議を開くことなどの連携が制限されることがあります。極端な話ではありますが、海外留学している相談者の現地の学生寮担当者と合理的配慮についての検討をした経験がありますが、言語の違いに難儀することがありました。

　四つ目は外国にルーツがあるなど文化の違いがある場合です。

　外国にルーツのある子どもの場合に、その国の文化として「歯を磨く習慣がない」「躾をするのに革のベルトで叩くのが普通である」などという場合に、その国や地域の支援団体や児童相談所などと普段から連携をしていても、それをもってすぐに虐待であるとは判断できない場合もあり、とても考えさせられます。

　五つ目は前担当者の思いが強すぎたりする場合です。

　これはあってはいけないことですが、熱心な前の担当者からの引き継ぎを受けた場合で、様々なアセスメントなどの情報やその支援に関する思いを引き継いでしまったことによって、支援の可能性が制限されてしまうこともあったりしますので気をつけたいものです。

　六つ目は外部との連携ばかりに目が向く場合です。

　これもあってはいけないことですが、外部機関との連携ばかりに意識が向いてしまっており、その大前提となる所属機関内での上司や専門職などとの連携がおろそかになってしまっていることにより連携や支援の可能性が制限されることを散見することもあり、これについても気をつけたいものです。

| 連携がずっと
続いていくことが大事

　一人の支援者や一つの機関でできることには限界があり、課題解決
のためにはほぼ必ずと言ってよいほどに支援者は連携をして支援にあ
たります。支援をする立場から考えると、その連携をするパートナー
として、本人や家族なども想定しています。課題となっていること
と、人は分けて考えて、一緒に課題を解決するパートナーと考えま
す。

　しかし、課題解決のための連携を考えるにあたって、登場人物とし
て多くなるのは支援者になると思います。これを解決するにはこの人
の力を借りたい、この分野の専門家に参加してもらいたい、できれば
宿泊の機能を持っている機関にも入ってもらいたい、緊急性があるの
で早めに集まって課題解決について話し合う機会を設けたいなどとい
ろんなことを考えます。

　このように連携を考える際にまず想定するのは、その人がまさに今
直面している課題に対して関与してくれるであろう学校や児童相談所
やその他の関係機関などによる、いわゆる**横の連携**ではないでしょう
か。よい横の連携は、課題解決に絶対に必要なもので、とても大切で
す。しかし、もっと長いスパンで連携を考えた場合には、そのような
横の連携ばかりではなく、ライフステージに沿ったつながりである言
わば**縦の連携**も考える必要があります。

　まずは横の連携がよく機能して、当座の課題が解決することが第一
優先になります。今が充実して幸せでなければ、その先の幸せも考え
られません。その今の幸せを将来まで積み上げていくために縦の連携

が必要になってくるのです。

　もちろん、支援の必要がなくなれば連携のチームは解散することになりますが、いったんは解散をしても再度必要な時が来た時にはすみやかに再結成できることをチームで共有しておくことが大事になります。

　横の連携をよいものにするには必ずキーパーソンが必要となりますが、縦の連携を進めていくにあたっても必ずキーパーソンが必要になってきます。本人のことをよく知っている人が、長期的にキーパーソンとして伴走し、横の連携も縦の連携も調整し続けることができれば、それが一番安心ではあります。しかし、組織内での異動もあったりすることを考えれば、ずっと一人の人が調整し続けることは現実的には考えにくいでしょう。そのライフステージごとのキーパーソンを誰が担うかを共有し、きちんと引き継いでいくことで有効な連携がずっと続いていきます。

　その連携は、一人のためにオーダーメイドで作られていますが、その地域には他にも連携チームが少なからずあるでしょう。その地域で一人の人が多くの人のキーパーソンの役割を担うことはかなりの困難さを伴います。普段から顔の見える関係が構築されて、「今回は私が、次回はあなたが」みたいな関係ができていれば、地域の誰もがキーパーソンとなれる力量を持つことになり、一人に負担が集中しなくてよいかと思います。同じく、一つの機関だけが連携の中心としての役割を演じていれば、いずれ限界が来て地域の横と縦の連携が崩壊することにもなりかねません。

　✐よい連携がずっと続いていくためには、その連携チームを支えることができる資源が存在し、機能し続けることが大切です。それぞれが、それぞれのできる範囲で役割を担い、持続可能な支援が提供され続けることが必要です。それが、支援を必要とする人にとっての安心を生み、その地域の安心につながっていくのだと思います。

参 考 文 献

・武居光『子ども相談ノート〜統合保育のみちしるべ』Ｓプランニング、2014 年
・宮本信也・下泉秀夫・園山繁樹・三隅輝見子『発達障害のある子の理解と支援』公益財団法人母子衛生研究会、2008 年
・大塚俊弘「発達障害や被虐待経験のある人の行動を理解するために知っておきたい社会・心理・医学的情報」川崎市発達障害対応力向上研修資料、2019 年
・福山和女『シリーズ ソーシャルワークを学ぶ 3 次元の立体把握 – 役割システム的アプローチについての理解 –』FK 研究グループ、1996 年
・荻野ひろみ・萬歳芙美子・福山和女『シリーズ ソーシャルワークを学ぶ 2 面接 – 人の立体把握のために – 』FK 研究グループ、2001 年
・對馬節子・照井秀子・福山和女『シリーズ ソーシャルワークを学ぶ 4 カンファレンス 協働 – 医療・保健・福祉における専門家のために – 』FK 研究グループ、2005 年
・ニキリンコ・藤家寛子『自閉っ子、こういう風にできてます！』花風社、2004 年
・小道モコ『あたし研究』クリエイツかもがわ、2009 年
・中井久夫・山口直彦『看護のための精神医学』医学書院、2001 年
・佐々木正美『子どもへのまなざし』福音館書店、1998 年
・村瀬嘉代子『子どもの心に出会うとき』金剛出版、1996 年
・加藤利明『療育技法マニュアル 第 16 集 子どもと家族のための相談入門』財団法人神奈川県児童医療福祉財団（現：社会福祉法人青い鳥）、2005 年
・原仁・中田洋二郎・宇野洋太・吉田友子『療育技法マニュアル 第 19 集 発達障害 – 受容と告知』社会福祉法人青い鳥 小児療育相談センター、2012 年

巻 末 資 料

※著者が保護者対象の研修会「発達障がい応援キャラバン」で使用
した「相談」に関する資料(一部)をご紹介します。

相談上手な保護者になろう

令和元年10月4日（金）
発達障がい応援キャラバン
高津市民館　大会議室

社会福祉法人　青い鳥
川崎市発達相談支援センター
川崎市発達障害地域活動支援センター
阿佐野智昭

応援キャラバンの生まれたきっかけ

* この応援キャラバンを企画・運営しているのは、とても力のあるお母さま方・・・。

* その力があるお母さま方でも、お子さんに何らかの発達の課題があると学校の先生などから告げられた時には、半ばパニックになったそう。

* それまでは全く意識することもなかった、以前に学校から配布された相談機関のリストやただの電話帳をめくって、訳もわからず片っ端から電話をかけた非常に辛い経験・・・。

* これから同様の思いをするかもしれないお母さま方に、同じような思いをしてもらいたくないと、「身近で」「参加しやすい時間帯に」「まず何から手をつけたらよいか」を伝えたい！！

発達に課題のある親御さんの思い

* とても「障害」とは思えない
* しゃべるし、字が読めるし
* 物知りで、大人より記憶力がいいし
* 家庭では親子関係などでも困ることなんかないのに、
  園では問題視されてしまう･･･
* 園の先生の指導の問題だと思う
* ただ、言葉が遅いだけ･･･男の子だし
* 子どもは皆マイペースでしょ?
* しつけの問題と言われて、どうやって育てていいかわからない･･･
  （育児に自信がない）

平成24年度発達相談支援コーディネーター養成研修プログラム集より

相談するにあたってのご心配は?

* 果たして、こんなことで相談してもいいのかしら?

* 1時間かそこらで、今の心配事をちゃんと伝えられることができるかなあ?

* 一生懸命に伝えても、やっぱり全然わかってもらえなかったらどうしよう!
  うまくいっていないことをいっぱい指摘されたら嫌だなあ。

* 前にも相談に行ったけど、結局「様子をみましょう」と言われただけで
  曖昧な対応だった。今回も、同じになってしまうのではないか。

* 親身になって聞いてくれたし、アドバイスももらったけど、そのアドバイスは
  とても自分には難しいものだった。それで、さらに困ってしまった!

相談機関を使うにあたって①
～結論から先に言っちゃいます～

* まずは相談対象などは間違ってもいいから、どこかの相談機関に電話をしてみよう!
  ⇒どこでも必要な機関に繋げてくれます

* 具体的なアドバイスも重要ですが、とにかくよく話を聞いてくれる相談機関は間違いが少ない。

* でも、具体的な時期も示さずに「様子を見てみましょう」はあまり信頼できないかもしれません。

相談機関を使うにあたって②
～結論から先に言っちゃいます～

* まずは親御さんが、安心・安全な環境で「わかってもらえた」「少しでも明るい道筋が見えた」という経験をすることが大事です。

* 親御さんが相談することでよかったと感じられることができれば、お子さんも将来的に「相談をしてみてもいいいかな」と思い、相談機関に限らず、身近な人などへの相談スキルも上がっていくことになります。

相談機関を使うにあたって③
～もし冷静に考えることができたなら～

・気になる行動がいわゆる発達障害というレベルであれば「継続性」や
　「普遍性」という視点が重要になってくる。
・もし、その行動が1週間や2か月程度のものであれば、別の要因を疑ってみる
　必要がある。【継続性】
・また、その困った行動が「家庭でだけ」「公園でだけ」ということであれば、
　これまた別の要因を疑ってみる必要がある。【普遍性】
・障害レベルということであれば、「常に」「複数の場面で」行動コントロール
　が難しいということになる。

　⇒そのようなことを頭に入れた上で、実際に相談に行ってみるかを考えて
　　みてもいいかもしれません。

相談を受ける側が考えていること①
～相談機関をみるひとつの視点～

・子どもに対してはもちろんそうですが、親御さんに対しても「やはり叱る
　より褒める」ことが非常に大事である。

・子どもには「どうしたかったの?」と一緒に考えて社会スキルなどを
　高める関わりをするが、保護者にも「どうしてあげたかったのか?」
　という視点をもって関わることが必要である。

・子どもの発達レベルをきちんとアセスメントして、子どもに合った言葉
　かけに気を付けるのと同様に、親御さんの発達への理解レベル(特に
　はじめてのお子さん)に合った声かけをすることが重要である。

相談を受ける側が考えていること②
～相談機関をみるひとつの視点～

発達に課題のある親御さんに、その可能性を伝える際に・・・

①その人（子）を絶対に否定しない。
②気になっている行動だけを取り出して話をする。
③その行動の特異性を強調するのではなく、「同年齢集団と比較した
　上で、これこれこのように気になる」と客観的な情報として伝える。
④その際に診断名を伝える必要は全くない。
⑤「ご心配はよくわかります。○○に行ってみることで何もなければ安心
　ですし、もし何かあっても早めの対応がとれることで、お子さんの今後
　の可能性が広がると思います。」とお伝えしたりします。

相談を受ける側が考えていること③
～相談機関をみるひとつの視点～

（保育士が両親と話す時のヒント）
・子どもの長所に焦点をあて、園で子どもがどんな風にうまくやっているか理解
　するように話しましょう。
・問題は「伝えること」だけでなく、両親と「話し合うこと」を心がけてください。
・そのために両親に「考える時間」と「質問する時間」を十分に作ってあげてく
　ださい。
・特に子どもが第1子の場合、両親は一般的な発達段階について知る機会が
　ありません。
・両親が今後についてどう判断するか、両親の話をよく聞き、見守りましょう。
・声のトーンや身振りにもメッセージがあります。
・両親にとって、この会話が「子どもが遅れているという事実」に接する初めて
　の機会かもしれません。
・両親が必要と感じた時には、子どもの発達の専門機関があることを紹介しま
　しょう。
　　　　　　　　　　　　　　　　　　　　　　　（米国CDCのパンフレットより）

相談を受ける側が考えていること④
～相談機関をみるひとつの視点～

・家庭でできること、専門機関にお願いすることなどの役割分担を行い、今後の見通しについてわかる範囲で具体的に伝える。

・子どもにも親御さんにも、特別な声かけは必要ないかもしれない。支援者のあたたかい眼差しがあるだけでいいこともある。

・可能であれば、必要に応じ専門機関へ、一緒に同行できることを伝える。

・また、頻回でなく短い時間でもいいので、定期的な面談の機会を設定することでお役に立てると考える。

相談を受ける側が考えていること⑤
～相談機関をみるひとつの視点～

・相談の際は、特別にアドバイスをする必要はなく、とにかく「よく聞く」ことが一番親御さんにとって助かる場合もある。

・「アドバイス」よりも「一緒に作戦会議」が問題解決能力をお互いに上げていくことになると考える。

・大抵はお母さんが多くを引き受けることになるので、お父さんなどのお母さんを支えるキーパーソンへの働きかけも考えていく。

・ペアレントトレーニングの基本である「褒める」の見本を支援者がやって見せて、親御さんに伝えていく。

デリケートなお子さんを支える 保護者のみなさんへ①

・保護者は「その子どもの一番の専門家」であるという視点から保護者が尊重されることが重要です。

・そのためにも、支援者は「その子どもの所属する年齢集団を見渡した全体性の専門家」という視点で見て、連携するといいかもしれません。

・基本的に家庭はすべての子どもにとって楽しい場所であり、安心な場所です。それぞれの保護者の得意なところで勝負をしましょう。

・保護者の関わりがよいために苦しむこともあります。同じ特性があっても環境が良ければ見えにくくなります。そんな時こそ、自身の関わりに自信をもちましょう。

デリケートなお子さんを支える 保護者のみなさんへ②

　支援評価の際に、師匠から教わった以下のことをいつも心にとめています。子どもなどへの支援を考える時に使いますが、保護者の皆さんにも同じようなことが言えるのだと思います。皆さんはいかがですか？

　①ご飯がおいしく食べられているか？
　②夜よく眠れているか？
　③あいさつをする人がいるか？
　④苦労をねぎらってくれる人がいるか？
　⑤困った時に助け舟を出してくれる人がいるか？

おわりに

　今回この本に書いたことは、川崎市の発達障害者支援センターである当センターでの、発達障害のあるお子さんや成人の方、保護者の方々との、私のかかわりの経験をまとめたものです。ここに書かれていることは、一定の発達障害のある方々にあるかもしれないことであり、全員にあてはまるというものではありません。たとえば同じ診断名があったとしても、お一人おひとりの特性はすべて違っていて、個に応じた対応が絶対に必要です。

　これまで研修会などでお話をさせていただくことはあっても、このような形でまとめたことはありませんでした。いざ文章としてまとめてみると、日々とても貴重な体験談や感覚についてのお話などをご本人やご家族から教えていただき、勉強させていただいているのだなと感じて、感謝の気持ちを新たにしました。

　そのような機会をいただいた今、まさに世界中が新型コロナウイルスの感染拡大防止への対応に追われています。ウイルスに感染して本当に大変な思いをされている方が数多くいますが、ウイルスに感染はしていなくても、これまでとは違った新しい生活スタイルへの適応を求められることで、とてもつらい思いをしているご本人やご家族からのお話を伺います。それとは反対に、対人的な接触をなるべく控えることを求められ、外出をすることなく自宅にて多くの時間を過ごすことを要請されても全く苦にならない方々もいたりします。

　ウイルスの感染拡大による被害は様々な方面において甚大であり、そんな新型のウイルスなど発生しなければよかったのにと心から思います。しかし、センターでお話を伺っていると、感覚過敏があることによって実際の教室に行くことやいることが困難な子どもにとっては、オンラインでの授業参加が比較的楽であるというお話も耳にしま

す。大人の方でも、毎日の本当につらい満員電車での通勤が、テレワークが推奨されたことにより一時的にでもなくなったり、今後は回数が減るかもしれないという見通しがあることで、すごく安心されている方もいらっしゃいます。

　これをひとつの機会と捉えて、「発達障害のある方々にとってやさしい生活スタイル」を選択できる可能性が広がり、また変化のスピードが加速したのであるならば、その点では意味があったと後になって考えることができるかもしれません。

　最後に、センターの開設スタッフである武居光さん、福田正明さんの大先輩お二人には、開設準備のずっと以前から本当にいろいろなことを教えていただきました。その支援魂は、この先もスタッフは少しずつ入れ替わっていくと思いますが、ずっと受け継いでいかなくてはならず、それを本の中に少しでも残しておくことができたかと思います。また、はじめての本の執筆で右も左もまったくわからない私を、やさしく丁寧にご指導いただいた中央法規出版の三井民雄さん、矢崎さくらさんにも心から感謝を申し上げたいと思います。

阿佐野智昭

【著者紹介】

阿佐野智昭（あさの・ともあき）

社会福祉法人青い鳥川崎市発達相談支援センター、川崎市発達障害地域活動支援センターゆりの木所長。社会福祉士。
知的障害者入所・通所更生施設にて生活支援・就労支援に従事し、就労移行支援施設および就労継続支援施設にて精神障害者・知的障害者の就労支援にも従事する。2007年10月から社会福祉法人青い鳥川崎市発達相談支援センター等にて相談支援業務を中心に行っている。

発達障害のある子の相談・支援のキホン 52
本人理解にもとづくコミュニケーションとかかわり方

2020年9月1日　発行

著　者　阿佐野智昭
発行者　荘村明彦
発行所　中央法規出版株式会社
　　　　〒110-0016　東京都台東区台東 3-29-1　中央法規ビル
　　　　営　　業　Tel 03(3834)5817　Fax 03(3837)8037
　　　　取次・書店担当　Tel 03(3834)5815　Fax 03(3837)8035
　　　　https://www.chuohoki.co.jp/

印刷・製本　　株式会社アルキャスト
装幀・本文デザイン　二ノ宮 匡（ニクスインク）
本文イラスト　　BONNOUM